U0918941

—— 作者 ——

史蒂夫·布鲁斯

英国阿伯丁大学社会学教授。主要研究领域为现代社会中宗教的本质、宗教与政治的关系。主要作品包括《佩斯利涡旋纹：北爱尔兰的宗教与政治》(2007)、《政治与宗教》(2003)、《上帝已死：西方的世俗化》(2002)、《基要主义》(2001)等。

[英国] 史蒂夫·布鲁斯 著　蒋虹 译

社会学的意识

牛津通识读本·

Sociology

A Very Short Introduction

译林出版社

图书在版编目（CIP）数据

社会学的意识 /（英）史蒂夫·布鲁斯（Steve Bruce）著；蒋虹译．—南京：译林出版社，2023.1

（牛津通识读本）

书名原文：Sociology: A Very Short Introduction

ISBN 978-7-5447-9319-3

Ⅰ.①社… Ⅱ.①史… ②蒋… Ⅲ.①社会学－研究 Ⅳ.①C91

中国版本图书馆 CIP 数据核字（2022）第 129496 号

著作权合同登记号　图字：10-2014-197 号

社会学的意识　［英国］史蒂夫·布鲁斯／著　蒋　虹／译

责任编辑　杨欣露
装帧设计　孙逸桐
校　　对　戴小娥
责任印制　董　虎

原文出版　Oxford University Press, 1999
出版发行　译林出版社
地　　址　南京市湖南路 1 号 A 楼
邮　　箱　yilin@yilin.com
网　　址　www.yilin.com
市场热线　025-86633278
排　　版　南京展望文化发展有限公司
印　　刷　南京新世纪联盟印务有限公司
开　　本　850 毫米 × 1168 毫米　1/32
印　　张　4
插　　页　4
版　　次　2023 年 1 月第 1 版
印　　次　2023 年 1 月第 1 次印刷
书　　号　ISBN 978-7-5447-9319-3
定　　价　59.50 元

序言

秦晖

在这套“牛津通识读本”中，英国社会学家史蒂夫·布鲁斯写的这本《社会学简介》(*Sociology: A Very Short Introduction*，本书译为《社会学的意识》)是很有特色的一本。它没有像一些入门书那样介绍本学科的简要发展史和主要学术分支、学派及代表人物等等，而是集中地谈了一个问题，即社会学是什么，不是什么。作者强调社会学是研究社会结构与社会制度的一门实证性学科，它属于“社会科学”而不属于“人文学科”。而且从全书开篇就强调这一点，直到最后一段要求把“江湖骗子”从社会学界排除出去，看来这“清理门户”的工作是全书的主要关注点所在。这的确很有意思。

通常人们认为，“社会科学”只解决实然的问题或“是如何”的问题，而“人文学科”则往往与应然的问题即“应该如何”的问题相关。后者无可避免地会把学者自己的价值观与文化偏好带进来，而前者则相反，它应该尽量排除这些主观因素的干扰。就像一个物理学家可能是基督徒，另一个物理学家可能是马克思主义者，但是他们都不能把基督教或马克思主义带进物理学研究中，物理学也不可能有什么基督教学派或马克思主义学派。物理学只讨论客观事实，而且物理学家不管个人信仰有多少差异，在讨论物理学时都只能用公认的学术概念、在公认的学术范式下进行。

而在布鲁斯看来，社会学作为“社会科学”应该和自然科学类似，具有价值中立、客观性、可验证和可证伪等特点，而不同于像文、史、哲那样指向价值关怀的“人文学科”。在这个意义上，社会学与各种以批判社会、影响社会、改造社会为直接目的的“社会思想”和“社会理论”完全不同。按布鲁斯的看法，如果某人赋予社会研究太过强烈的“人文精神”和价值关怀，以至于以某种正义的激情冲淡了作为社会学生命的科学性，那他就成了“江湖骗子”而应当被从社会学学术圣殿中革除教门。应该说，这种强调客观性的实证主义传统在西方社会学中源远流长，从学术渊源上讲，布鲁斯的这些观点可以上溯到他所谓的社会学三大奠基人中的涂尔干的观点，而涂尔干的观点又来自发明了“社会学”一词，并在科学至上的理念下把它解释为“社会物理学”的实证主义者孔德。

但另一方面，布鲁斯也指出包括社会学在内的“社会科学”要完全做到这一点比较难。因为如果说自然科学都有可能出现类似于生物学中的“李森科现象”这类主观政治偏好扭曲科学研究的弊病，那么以研究者自己也置身其中的人类社会为目的的“社会科学”就更难做到价值中立，而不受研究者价值关怀先入之见的影响。

尤其是他指出，近代社会学在其创立的时期，对现存社会不满并希望变革和改造现存社会的主观意图就起了很大的作用，正是在这类意图推动下产生了现代社会学继承下来的第一批学术成果。而布鲁斯列举的近代社会学的三大奠基人，即马克思、涂尔干和韦伯，无不是以其鲜明的价值偏好作为研究动力的人。马克思对现存社会（资本主义社会）的抗议和建立新社会的热情、韦伯对新教的虔诚信仰，都使他们的研究打下了明显的价值烙印。如果严格按照布鲁斯的定义，他们恐怕都难逃“江湖骗子”之讥。即便是三人中最鲜明地继承孔德实证主义、明确强调要把社会作为“自然现象”来研究、持“绝对客观”立场的涂尔干，也不能不先后受到圣西门主义、迈斯特尔保守主义和天主教伦理的影响，诚如后人评论的：“他的社会学研究实践是否与他（关于绝对客观）的论述相符，则是另外一个问题。”（见《布莱克维尔政治学百科全书》涂尔干条）

而布鲁斯所在的英国社会学传统，如他所说，则与韦布夫妇（B. & S. Webb，通译韦伯夫妇，本书译为韦布大概是为免于与马克斯·韦伯即M. Weber相混淆）创立的费边社有极大的关系。费边社的思想库伦敦经济政治学院也向来是英国社会学的重镇。这个传统下的社会学也是以倾向社会平等的强烈社会关怀著称，对于他们而言，保持价值中立，把社会当作一个物理对象那样予以纯粹客观、实证的研究，也绝非易事。

但实际上，上述这些怀有强烈价值偏好的人自己也从未放弃“客观”“科学”这类诉求而把自己混同于一个某种信仰的布道者甚至是某种政治派别的宣传家。就以价值取向最为强烈的马克思而言，他也是以“科学”自诩而自傲于此前所谓的“空想”社会主义的。因此如何在价值偏好难以免除的情况下尽量做到客观、科学地研究社会问题，就成了现代社会学研究能否具有生命力、能否给人类提供有效知识增量并具有学术公信力的关键。

关于这一点，布鲁斯指出研究者把客观性作为一个目标来追求是非常重要的，尽管事实上主观偏好的影响难以完全排除，但是那总比放弃此种追求、任意以主观价值偏好来剪裁客观现实的做法强得多。用布鲁斯的话说：“尽管绝对无菌的环境无法实现，但我们总还是愿意在手术室里，而不是在下水道里做手术。”在许多情况下，也许价值偏好更多地决定了一个人选择什么问题来研究，但对于这个问题本身他还是必须追求客观的、科学的认知。例如一个马克思主义者也许对研究劳资、主佃这类“阶级关系”特别感兴趣，这是其价值偏好使然，但是对于“阶级关系”本身他仍然必须坚持实事求是地去考察，比如说要进行大样本的统计调查，而不是仅凭“三条石”之类的例子得出“政治正确”的结论；比如说要搞无压力下的入户访谈，而不是仅凭动员式的“大会控诉”；比如说要计算一般性的基尼系数，而不是仅凭若干典型故事甚至是创作出来的故事来渲染“两极分化”；等等。

于是我们就可以理解，为什么布鲁斯把马克思列为近代社会学的创立者之一，我国社会学界却公认这门学科是改革后才建立或“恢复”的，而在改革前尽管马克思的名声在我国如雷贯耳，他参与开创的这门学科却不能存在。其实何止社会学，其他“社会科学”不是一样吗？甚至就是张扬价值观的“人文学科”，那种张扬也必须是“说真话”才有可信度。在宗教审判的时代怎么可能有真正的“人文学科”？

中国改革时期“恢复”的社会学由于处在社会剧烈变动的转型状态，与已经定型的现代西方社会不同，却与本书提及的近代社会学开创的那个激荡时代有点类似，所以怀着强烈的价值关怀来研究社会的现象可能不亚于马克思那个时代的西方。因此社会学的客观、实证与科学性的问题，在我们这里恐怕比布鲁斯那里更突出。

对于由难免持有特定价值偏好的研究者组成的“社会学界”如何做到价值中立和科学实证性，本书谈了很多。但有一点他们可能无须谈，对我们却很重要的：那就是每个人的价值偏好对自己的社会学研究的影响也许难以完全避免。但是在整个学界假如这些偏好是多元的，而不是一元的甚至是有组织的，也就是说并非只准有一种偏好，而是可以你有这种偏好，我有那种偏好，并且构成一种竞争格局的话，那么在“偏好在于选择问题，而研究问题还须实证；偏好在于选择材料，而各种材料皆能公开；偏好在于解释材料，而各种解释皆有自由”的环境下，各种偏好就可能既成为研究兴趣和动力之源，又在总体上形成互纠互补，使各种“片面的深刻”共同促进知识增量的生产。

这样，也许每个研究者都无法完全做到“价值中立”，但整个学界却可以实现“价值中和”，建立自己客观、实证的公信力。价值关怀对于“社会科学”的科学性而言就可以成为一种正面的而非负面的因素，“人文学科”与“社会科学”也就不是互相悖谬、互相冲突，而是关于人的知识中互相促进的两翼。

相反，如果“只准有一种偏好”，那就不仅社会科学，连自然科学都会产生“李森科现象”：本书提到的李森科与拉马克也许有共同的偏好并因此持有类似观点，但李森科时代只准有一种偏好，拉马克时代却并非如此，因此“李森科生物学”完全成了伪科学，而拉马克尽管其具体观点可以被证伪，但他仍不失为一个有贡献的生物学家。

我想，社会科学，尤其是社会学也是如此。

目 录

前　言

社会学影响力的一个表现是，它既受人欢迎也遭人谩骂。确立已久的学科笑它是一位笨拙的新来者，却又采纳它的观点。普通人嘲弄那些以此为职业的人，却又将社会学的某些假设视为理所当然。政府指责这一学科危害道德和社会秩序，却又聘用社会学家来评估其政策法规。

我们对这门学科深感尴尬，君不见有如此多的笑话都以社会学为靶子。或许我是因为从事这个职业而过分多疑，但是，这种关于社会学家的玩笑似乎不会发生在历史学家身上。鉴于这类幽默无法用简单的语言解释到位，我只讲一则。这个经典的段子出自一部叫作《守护人》的英国电视连续剧，这是1980年代一部关于小混混与伦敦底层生活的优秀喜剧。剧中两个可爱的无赖正谈论着他们的一个熟人，此人刚从监狱出来。其中一个宣称他们的朋友在里面通过学习已洗心革面："是啊，他现在有了开放大学的学位。社会学的。"另一个问道："那他不再行窃了？"先前那个回答说："不是！但他现在明白自己为什么行窃了！"

这番嘲讽微言大义：社会学受到坏人的欢迎（大概因为它的着眼点是社会问题）；社会学通过展示个人行为的社会原因，解除了人们的责任；社会学天真幼稚，并且会被老于世故者操纵。这一学科是否犯有这些控告中的随便哪项或所有罪状，到这本小书的结尾就该一清二楚了。

由于下述显而易见的原因，社会科学家发现他们比自然科学家更难达成一致。譬如，物理学的前沿学者之间或许会有激烈的争论，但他们对于一部权威性地阐述学科基础知识的初级物理教材，却能达成充分的一致意见。相反，社会科学的入门教材常常将它们的研究对象描述成一系列对立的观点。强调不同观点是有益的。在我们要对外部社会的这个或那个方面进行解释的时候，通过将具体的重点代入逻辑结论，我们很容易理解那些需要解决的争议。与竞选中的政客一样，不同学派的支持者竭力在自身与对手之间划出清楚的界线。然而，又跟掌权的政客一样，当这些支持者转过身来搞社会学研究（而不是仅仅宣传主张）时，他们往往会退回到某个共同的中间立场上来。

本书的这种“简明导论”形式的限制性使我不必对这一学科进行全面详细的阐述。相反，我将试图阐明社会学视野中的特质。这将通过三个步骤来实现。首先，我将思考把社会学作为一门社会科学意味着什么，从而说明这门学科的地位。在第二、三、四章中，我将试图解释社会学的某些基本假设。在最后一章里，我将通过剔除一些江湖骗子（不幸的是，他们目前颇受欢迎）来清理社会学的门户。

致　谢

我要感谢牛津大学纳菲尔德学院的戈登·马歇尔教授和牛津大学出版社的乔治·米勒建议我撰写此书。感谢马歇尔教授、约克大学的史蒂文·耶里教授和阿伯丁大学社会学系的大卫·英格利斯博士，他们极为友善地对前面几稿提出建议。还要感谢编辑希拉里·沃尔福德，她一如既往的编辑工作确保我说出的每一句话都表达了我的本意。

第一章

社会学的地位

社会学与科学

自我们开始瞩目于人类对物质世界的理解和支配之日起，科学家与哲学家们就一直试图将成功的现代科学，同诸如从石头里炼出金子或通过占星来预知未来这样的死脑筋区别开来。遗憾的是，所有这些努力都没有提出泾渭分明的界线，当我们审视真正的科学家实际所做的一切时，往往发现科学的工作寿命与哲学家们所描绘的图画并不匹配。不过，我们可以列出一系列特征，比如，这些特征更可能存在于天文学而不是占星术中。尽管我们无法绝对肯定地将关于物质世界的一些观点划分为科学和伪科学，但我们仍能有益地讨论“或多或少”具有科学性的事物。

良好的起点是先肯定任何一种好的科学理论应该是内在一致的。这就直接地将科学理论与一般认为的圈外人观点区别开来。我的母亲经常自相矛盾，她这回说的与她下回说的是两码事，但她几乎从来没有为此而感到不安。她曾经批评一家路边咖啡店，说那里的食物很糟，但同时又说分量太少了。

第二，好的科学理论应该与证据相符合。这似乎是不言而喻的，但在此方面，跟圈外人相比，科学家应该对一切有更严谨的要求。比如，传统医学与非传统医学遵循着截然不同的标准。尽管医药公司受到商业规律的驱动，要赶在竞争对手之前将新药推向市场，但它们仍须对产品加以长期且广泛的试用。在“双盲”测试中，大批病人被分成实验组和对照组，一组试用新药，另一组试用无害又无效的“安慰剂”。在试用结束之前这些分配是保密的，病人和医生都不知道谁在服用真正的药物，谁在服用安慰剂。只有当药物实验组病人的状况比安慰剂对照组有明显改善时，新药物的临床试验才被视为药物有效性的可靠证据。相反，信仰疗法、针灸或磁性疗法等非传统疗法很少得到测试；医生的个人经验，再加上一些奇迹般治愈的传闻，被认为足以证明其有效性。这类测试从来都不是双盲，因此，任何感知到的改善都可能是安慰剂的效果，并且这种可能性永远都消除不了。

第三，科学总是在不断变化。在某种绝对永恒的意义上，科学的发现永远都不是“正确的”；它们永远是暂时的，总是能被改进。此一世纪中令人信服的正统教义在下个百年会成为历史故旧。说科学导致**进步**有点牵强，因为我们不知道我们将去向何方，但我们无疑知道我们到过哪里，因而可以说科学逐步远离谬误。此外，如果将医学对实验证据的依赖和非传统疗法对传统的依赖加以对比，我们同样能看出端倪。在巴哈花药疗法、风水以及指压按摩领域，几百年来取得的成效（尤其是在未遭现代性污染的文化里）使它获得了合法性。鉴于如身体循环系统这类医学原理是较新的发现，某种观点所属的年代未给科学家留下印象就不足为奇了。

在坏的科学（如埃利希·冯·达尼肯声称埃及金字塔是由来访的太空人建造的）中，理论是由脱离语境的零星事实加以证明的。在好的科学里，用一种解释来替换另一种解释的关键，在于系统收集与这个问题有关的**大量**数据资料。

但这样做还不够，因为几乎没有什么观点会荒诞到完全无法找到支持的证据。要找到相信的理由是很容易的。一种更有效的检验是寻找不信的理由，寻找不符合这些观点的证据。在好的科学里，最具说服力的是这样的观点，它们经受住了试图证明其错误的多次尝试。

这向我们展现了好的科学最重要的特征之一，即它对待失败的方式。想象一下我提出一种关于次原子粒子行为的新理论。在实验室里，在那些我按照自己的观点训练过的学生的辅助下，我获得了与我的理论吻合的大量实验数据。但随即，别的地方的科学家重复了我的研究，却没有证实我的发现。此时，我应该根据这个新的证据重新考察我的理论。假如我的理论能通过修正而涵盖新的结果，或能解释为何新的实验数据存在误导，它就站住脚了。假如不能，我们就该放弃它。

倘若我们看一下另一种方法，这种研究方法的价值就显而易见。一位患有严重皮疹的病人到一个巫医那里求医。巫医用药使一只鸡中毒，然后，根据这只鸡临死前摇摇晃晃的姿态，确定病因是病人的弟媳妇对他施了魔法。巫医于是给了病人一张符，嘱咐他戴上一周，魔法自会被驱除，皮疹自会消失。但这一招并不灵验：一个月之后，病人身上的皮疹丝毫没有好转。巫医没有总结说，皮疹由恶魔引起的说法是无稽之谈、符没有任何医治功能，相反，他解释说符不灵验是因为病人缺乏诚意。看起来失败之事反而成了这一信仰体系进一步的佐证。

这一例证援引自非洲的传统医学，但我们在现代科学家身上可以找到许多同类的例子，他们以同样的独创性来竭力维护自己所偏爱的理论。绝对好的科学要仰赖这样的科学家，他们全力投身于科学事业却并不过于迷恋自己的特定学说。但是，科学家也只是人。使科学事业不必依赖于那些圣人般超凡脱俗的个体科学家的，是**竞争**这一事实。花了二十年提出某种次原子粒子理论的人，很可能会为使他成名的那些观点竭力辩护。然而，自然科学的职业结构意味着同一领域里将会有许多其他人在工作，这些人未受这位伟人任何恩惠，为了提出自己的竞争理论，他们正不顾一切地试图证明他是错的。

科学是在自由交换思想和智性竞争的基础上繁荣的。当外部机构试图将并非植根于这一学科工作的某种正统理念强加给科学家时，科学便停滞了，正如在天主教统治下的中世纪和斯大林统治下的苏联所发生的情形。在19世纪，一些遗传学家声称，个体在一生中获得的特征会通过基因而遗传。法国生物学家拉马克认为，长颈鹿之所以颈子长，应归功于它伸长脖子吃树叶的习惯。相反的观点会认为“长颈性”是一种来自遗传编码的特性，拥有该特征的那些长颈鹿比不拥有的个体具有更佳的生存机会。因此，遗传种群是通过“自然选择”而不是通过习得发生改变的。到1920年代，拉马克学说基本上被淘汰了，却在苏联残留下来，原因是自然选择学说被认为太接近资本主义的逻辑，因而在政治上难以接受。李森科利用自己的政治地位将拉马克学说融入官方的共产主义哲学，那些反对他的遗传学家要么被迫放弃主张，要么被流放到西伯利亚。直到1950年代①，苏联生物学界才脱离了李森科的影响。遗憾的是，官方对错误学说的支持不仅扼杀了苏联的生物学，也危害了苏联的经济。出于意识形态的原因对“资产阶级”遗传学的排斥，割断了苏联农业与西方农作物发展的伟大成就之间的关系。

现在人们对科学方法能确保真理这一观点通常予以嘲笑。社会学表明，科学运作的方式往往与普通人用来理解世界的常规方法相似，科学家总是受到让他们无法超脱的兴趣和价值观的影响；这样一来，社会学在削弱科学所提出的宏大主张方面就起了重要作用。不过，现代科学非常成功地（许多批评家或许会说过于成功地）让我们理解并操纵自然界，以至于当我们考虑研究人类社会时，它明确指出了该从哪里入手。换言之，在多数大学的院系结构里，我们发现社会学被归入“社会科学”院系而不是“人文学科”，这并非偶然现象。

社会学能成为科学吗？

然而，在描述社会学这一学科时，假如我们的出发点是说社

① 实际上，直到1964年赫鲁晓夫下台，李森科及其势力才在1965年倒台。——译注

会学应该模仿自然科学的方法，我们很快就会认识到这种模仿会带来一些根本的限制。

社会科学家几乎无法构建实验。在对北爱尔兰的两个主要亲英派恐怖组织阿尔斯特防卫会（UDA）和阿尔斯特志愿军（UVF）的研究中，我开始对有些人如何逐渐占据重要的领导地位产生兴趣。在发现我能找到的有关这些领导人（以及那些被视为领导者的好苗子但终究没有成功的人）的所有资料之后，我得出了若干初步的结论。与人们对恐怖组织可能持有的判断相反，这些领导者并不是因个人邪恶而成为恐怖组织头目的。在约三十个案例中，我只发现了两个利用恐吓实行控制的人。其中一人在他的上一级庇护者失去权力之后就被自己人给杀了；另一个假如没有被逮捕囚禁起来，本来也会遭到同样的下场。对于领导人而言，比赤裸裸的高压手段更重要的是具有说服和调停的才能。然而，在UDA和UVF二十五年的历史中，其领导人似乎都拥有这一技能，这就无法解释这两大组织1970年代的领导者与1980年代中期取代了他们的人在背景上的重要差异。

外交手腕是一个必备条件，但社会地位只在最初的十年间举足轻重，之后则并非如此。第一代领导者几乎总是那些在暴乱[①]尚未发生，工人聚居区的抗议者自行组成自卫队**之前**，担任过社区领导职务的人。他们曾在工会、社区协会、北爱尔兰统一党和住房协会任职。但在1980年代后期脱颖而出的那些人却截然

① 指1970年代初北爱尔兰的暴乱。——译注

不同。他们中大多数人是在恐怖组织里长大的，他们之所以成为重要人物是因为他们是“操作者”——残忍的杀手，以及恐怖行动或为筹措基金而进行的银行抢劫、敲诈、贩毒等辅助活动的策划者。

两代领导人之间的差异使我得出了如下结论。在一个无人拥有经验与资历的新组织里，确定领导人依靠的就是地位或能力这样的一般性条件。用现代的教育术语来说，领导能力被认为是一种可流通的技能。然而，一旦事业已运行了足够长的时间，大多数成员都获得了其核心活动（在本例中即策划或实施谋杀以及相关的犯罪活动）的经验时，就有可能根据组织的核心技能来判定潜在的领导候选人。于是，成员的注意力便从候选人的总体能力特征（如曾在其他社区活动中表现出色）转向与更具体的任务相关联的能力。

这种解释可能完全错误。就我的目的而言，此处重要的是我该如何对自身的观点做进一步的检验。如果需要，研究溴化物反应的化学家可以设计进一步的实验，视通常认为的外部变量为恒定不变，将注意力集中在那些最重要事物的变化上。但我不能这么做，我不能出于实验的目的拿一个先前稳定的社会来发动一次小规模内战。没有任何读者需要这样的说明：对社会科学知识的追寻并不能为恐怖主义提供辩护。即使我毫无道德上的不安，那也是行不通的。我既无财力也无权力发动一次小规模战争，并动员人们投身其中。

然而，我们不妨想象一下道德的和实际的障碍被排除后的情形。即便障碍被排除，创建我自己的恐怖组织所获得的数据，与那位溴化物化学家从反复实验中得出的那些数据也没有可比性，因为我的恐怖组织并不等同于我希望了解的那些“自然存在”的恐怖组织。这里有两个问题。第一，相较于化学实验与真实世界的关系，社会科学领域里的人工实验与真实世界的关系完全不同，因为社会实验不是对自然存在的一种复制：它本身是一起新的社会事件。第二，社会生活似乎过于复杂，无法被分割成简单的组成部分得到孤立的探究。

因此，自然科学与社会科学之间存在一个重要差异，即后者的观点通常不能通过实验（这种实验将我们感兴趣的人的行动特征与当下生活的复杂性分离开来）来加以严格检验。然而，我们可以进行准实验，实际上也的确常常这么做；在这些准实验中，我们试图在各种场景（这些场景除了关键的一两处，其余多数情况下是相同的）下比较我们感兴趣的行为。罗莎贝思·坎特对乌托邦社区的研究为我们提供了一个很好的例证。她想知道为什么一些村社成功了，而另一些村社却失败了。对这类组织的历史的广泛阅读以及1960年代在这些村社里的亲身经历，使坎特大致了解了这类人为组织中的哪些特征可能起了作用。于是，她根据前期研究成果和她本人所做的非系统性观察，先进行了一些假设，随后对那些观点进行检验。为了避免社区差异被外围社会的差异掩盖，她将注意力集中在那些在较短的时间段内成立于同一个国家的社区，即1780年至1860年间的美国社区。她设法确定了九十个这样的社区，其中包括十一例延续了二十五年（通常看来，即一代人)的成功社区和七十九例不满二十五年历史的失败社区。她的结论是,尽管不存在所有成功例子都具备而所有失败例子都缺失的一系列特性,但的确有一些特征,它们几乎存在于所有那些延续了一代人之久的社区,同时又罕见于那些未能如此延续的社区。成功社区要求成员做出各种牺牲(如禁止性行为、饮酒和跳舞)。它们具有明确地将社区优秀成员与世界上其他人区别开来的世界观。它们对成员资格有非常严格的规定,并有严格的成员资格测试。新成员需要投入大量的时间和金钱,一方面用来证明他们对这一事业的忠诚;另一方面,也使背叛的代价很高。几乎所有成功社区都通过地理上的孤立来促进这种心理隔离和社会隔离。坎特的结论是,对组织的忠诚不是乌托邦社会形成之前的一种必然的神秘现象。相反,忠诚是一种社会特性,可以刻意地利用她所说的"忠诚机制"来培养。

此后,研究者们对坎特的结论进行了修改。我曾主张,对某些信仰体系的忠诚要比对另外一些信仰体系的忠诚更容易培养。那些赋予个人最高权威的政治哲学和宗教体系,要比那些能唤起某种更高力量的政治哲学和宗教体系难组织得多。保守的天主教徒和新教徒能够创立成功的社区;自由主义新教徒和新时代(New Age)的信徒却不能。然而,在这一点上,我更感兴趣的是坎特的方法而不是她的结论。她非常巧妙地表明,尽管我们不能像自然科学家那样容易地做实验,但通过运用想象力,我们能发现"自然存在"的资料,即真实生活的例子,使社会现象变得简洁明了。

社会科学家的常规做法是大规模的社会调研。假设我们想知道性别对政治倾向有什么影响。我们可以询问众多男女选民，他们在1997年那场使英国工党在保守党执政十八年之久后重新掌权的选举中是怎样投票的，并对回答进行比较。然而，倘若就此止步，我们就了解不到什么，因为其他诸如收入、教育程度、种族以及宗教信仰等因素同样影响着人们的政治倾向。因此，我们会进一步向选民提出问题，在他们身上标注收入水平、接受正规教育的年限、民族身份、宗教派别等区别特征。然后，我们可以采用统计法来弄清哪些特征（无论单独地还是组合地）对投票行为产生的影响最大。

尽管这类研究具有启发性，但其结论往往是暂时的和或然性的。我们可以自信地说，工人阶级在政治上比上层阶级更有可能倾向于左派。但对于这个论点，有足够的例外使得我们不能将它当作一条自然法则。1950年代时，我们能找出一群“顺从的工人”，虽然我们也许愿意“客观地”称他们为工人阶级，但这个群体的成员在政治上极端保守，认为上层阶级比工人阶级的代表能更好地管理国家。1980年代，玛格丽特·撒切尔式的保守主义（经济上提倡放任自由，社会问题上采取独裁主义）获得了英格兰东南部一些繁荣地区的工人阶级的有力支持。因此，我们在开始时的判断过于简单，后来发现需要修正。单以职业类型（如体力工作和非体力工作）划分人群不能有效地预测投票情况。于是，我们又进一步划分阶级或者增加其他考量，却发现我们的命题总有或然的例外。

一些社会学家把这类失败看成是一种鼓励，鼓励他们在界定、辨析和评估社会行为的原因时更加深刻老练。这三方面的改进无疑很受欢迎，但社会学不能提供“法规”这一点所反映出的远不是它的相对不成熟。在科学的社会学确立已有百年之后，那种“它还处于幼年”的辩护听起来颇为无力。进行更多的研究，用更成熟的方法分析所收集的数据——这将使我们知之甚多，但我们永远都不可能发现人类行动的规律，因为人不同于原子。

社会科学所研究的对象是有意识、有感知，出于自由意志而行动的人。在此，我们不必为人在何种程度上真正“自由”这个问题纠缠不休。我们只需认识到一点：无论人类行为的趋同性是出于哪些原因，这些原因并非在任何绝对意义上都有“约束力”。最暴虐的政权也许紧紧地钳制着我们，使我们只能在服从和死亡之间做出选择，但我们仍然可以选择后者。这就使我们的研究对象与自然科学所研究的对象迥然相异。水被加热时，就无法拒绝挥发性的增强。压力不变时，水无法做到的是，在100摄氏度的温度下接连四天沸腾却在第五天不再沸腾。但人可以选择，甚至连最低级的蠕虫也能转变。

这使我们认识到，在社会科学里被当作解释的一切完全不同于物理学或化学里的解释。通过引证压力、温度和挥发性等一般定律，我们解释了壶里的水沸腾的原因。由于水还没有**决定**沸腾（决定在某个其他时候发生改变），我们不需要提及水的意识。假如我们只是想找出人类行为的某些非常宽泛的规律，那么，我们可以像对待自然科学中的变量那样来对待社会特征，并且提出（比如）与高层管理人员相比，非熟练工人更可能投社会主义者一票，但假如我们想要**解释**原因，我们就必须考察人的信仰、价值观、动机以及意图。人的意识是驱动一切行动的引擎，所以社会科学必须比自然科学更深入一步。当化学家屡次在溴化物中发现同样的反应时，他就止步了。规律被发现便是自然科学研究的终结。对社会科学家而言，这仅仅是个开端。即使我们已发现，所有人在某种情形下总是会做某件事（这种很强的规律性几乎闻所未闻），我们还是会想要知道**为什么**。

“是什么”和“为什么”这两个词巧妙地表达了这种差异。对化学家来说，它们可以是一码事。当你在适当受控的环境下，收集到足够的资料并对将要发生的一切充满信心时，你也知道这是为什么。但当德国社会学家马克斯·韦伯收集到足够的信息，自信新教改革中清教一派的发展和现代工业资本主义的崛起之间有极大的关联（“是什么”的问题）时，他才刚开始。他想知道的是，**为什么**清教徒提出了一整套特别有利于现代企业方法的理念。他也想知道，为什么某一套宗教信仰能创造出关于工作和消费的新理念。他在清教徒的头脑里寻找答案。为了阐释这种现象，他必须先弄清。

社会学家对信仰、价值观、动机和意图的兴趣同时也带来了自然科学中未知的一些问题。为了了解人们，我们需要征集他们的看法或者他们对自己所做的事的“描述”。而且，在这同一点上我们可以退一步讲，并不只有进行了解才需要对动机有某种兴趣。甚至连**辨别**我们希望了解的社会行为，也需要关注动机。让我们回到先前的那壶水吧。液体何时变成气体，有几种界定方法，这些方法没有涉及液体的思想状态。但是，人的行为不能单纯地通过观察来加以鉴别。或者，换句话说，行为本身是不够的。假设我们对公共场合下人们如何互动感兴趣，我们可以在一个拥挤的火车站里，坐在一张桌子旁，边观察边记录。假如只局限于那些看得见的东西，我们就几乎了解不到什么。我们可以记下"面向站台的男人在空中举起手臂左右挥舞"。我们不会说"男人挥舞着手臂向站台的旅客致意"，因为第二种描述是对这个物理行为的一种具体诠释。事实上，他也许正试图舒缓一下紧张的神经。

对于文化背景与我们相同的人的极简单行为，往往可以假定我们知道这些行为的意义。我见过很多下火车的人，所以看见他们"挥舞手臂"时，我知道那是什么意思。但是现在假定，这个行为涉及下跪、弯腰和起身，同时伸开双臂。如果是在北京，这也许是一种锻炼；在开罗，或许是一个穆斯林在祈祷。最后，唯一能确定该行为意义的途径是（以某种方式）去问当事人："你在做什么？"因此，甚至连对行为的识别也需要关注动机和意图。

对行为的解释更是如此。社会学家最终不得不以某种方式询问："你为什么那样做？"但是提问（无论以何种形式）这个事实本身就是一次社会互动。人们所做的描述既可以是在真诚地重现过去的动机，也可能是为了眼前的利益而做出的掩饰。

在某些情境下，歪曲是明显的。我们可以确信，人们在法庭上自我辩护或认罪后请求减轻罪状时对自身行为的叙述，会完全不同于他们被判无罪或撤销羁押之后告诉朋友和家人的版本。叙述事件的人对叙述的结果感兴趣，而法庭本身要求以某种独特的风格叙述事件。我不是说正式的法庭陈述是假的，非正式的版本就是真的。我只是想表明，对事件的叙述本身就是一种社会活动，它不光是对早先活动的说明。

另一个例子可举宗教皈依的故事。在福音派新教徒圈内，对皈依者来说，讲述自身的皈依经历以“公开表明”其信仰是常见的事。人们只需听到这些表白的一小部分，就能认识到他们遵循着一些常规模式。皈依者在信仰方面受到一位教母的熏陶，这位教母竭尽全力让这个孩子保持正直而保守，但世间太多的诱惑，使这个孩子误入歧途，堕入罪恶的人生。无论人生有过多少愉悦，最终都化为难以吞咽的苦果。一些突发危机（通常是教母或某个至爱的死亡）使皈依者“悔罪”。“那晚驾车回家时，我感到自己罪孽深重。我意识到，如果我死了，就将去地狱。我停下车，祈祷耶稣进入我的人生。”日期、时刻和地点都交代清楚了。在故事的最后，这位皈依者讲述了自皈依上帝以来他的人生变得多么美好。这类证词可能十分相似，因为它们旨在描述的基本现实是相似的。然而，鉴于任何在福音文化背景下长大的人都曾成百上千次听到过诸如此类的故事，那么，很有可能这些相似之处是源自故事形式的普及性，以及这种形式在形成人们诠释自身经历的方法时所发挥的作用。

在对北爱尔兰那些支持政府的准军事部队成员的访谈中，我屡次遇到关于这个问题的一种说法。一些或许是因为长年抵制警察审问而变得极为缄默的人，故意贬低自己在恐怖主义犯罪中的作用。另一些人可能是为了使某个中间阶级学者“害怕”，则夸大他们的犯罪。其中有一个，极为热衷于吹嘘他的行为，以至于声称自己犯有凶杀罪，而我知道他并没有杀人。当我将此告知另一个政府支持者时，他嗤之以鼻：“啊，对你来说，那是贾奇·德雷德[①]。如果你问他，他会说他的悲伤超过意识到‘小鹿斑比的妈妈’已经不在了。”然而，研究访谈本身歪曲了它所努力收集的那些证据，这个问题并不局限于对犯罪和其他极为敏感问题的研究。它渗透于各类社会调研，因为调研行为引入了新的变量。

在此仅举一例。过去，公众舆论的民意调查往往征求民众对此问题或彼问题的看法，在记述他们的回答时却没有考虑到一点：向人提问这一行为本身也许会引导人们就他们一无所知并且毫不关心的事物发表感受。加利福尼亚州的一次问卷调查中塞入了一个完全虚构的议题，该议题被假定将出现在即将来临的公民投票中。这个问题是：“你将会听到斯奈博修正案。你对此有什么看法？”给出的选项有：强烈支持、支持、中立、反对和强烈反对。大部分回答者都表示了支持或反对，其中，很多人还是强烈支持或强烈反对。或许他们认为，承认不懂访谈者所说的一切就会显得愚蠢。说不定他们只是想提供有帮助的信息。或许，互动的性质（“我正在回答问题”）使回答者完全养成了明确回答的

① 贾奇·德雷德（Judge Dread），原名亚历山大·明托·休斯，英国雷吉乐和斯卡乐音乐家。——译注

习惯，以致惯性使他们忽略了轨道上的一处断裂。

我们可以从四个方面将人们所说的和实际所做的联系起来。第一，回答者也许想不起或不理解自己的动机。第二，他们也许完全记得或理解却故意装蒜。19世纪实业家J. P. 摩根曾有一句话，对人想要体面和尊重的愿望一语中的，他说："人的每个行为都有两个理由：一个好的理由和那个真正的理由。"第三，无论自我了解和乐于诚实的程度如何，叙述背景可能会对我们产生一种影响，使我们不能有把握地顺着人们所说的话去还原他们前期的心态。个体的多样性也许会被过滤为表面上的一致性：上述皈依证词就是一例。在最后两类之间，我们可以加进第四个例子：集体掩饰。通常，一个群体的人的行为会有共同的理由，这些理由对他们来说是正当的，但他们往往会诉诸一种公众更能接受的论证语言来"解释"自己的行为。譬如，肾衰竭或肺癌这类病症治疗成本高昂，医生在分配治疗名额时，可能会诉诸非正式的道德理由来决定哪种人**值得**关注；但另一方面，他们又声称这些决定完全是以医疗干预成功的可能性为依据的，从而避免了必须为道德推论提供理由。

对人们行为的原因和人们之后对行为的说法这两者之间的多变关系，一种可能的应对是不要试着去理解被哈罗德·加芬克尔贬称为"人的头脑里所发生的"这种东西。加芬克尔的学生中有更进一步者认为，我们无法从传统意义上来**理解**人。我们所能做的一切就是研究进行叙述的技术细节。因此，我们可以分析法庭话语的形式结构，但我们无法根据这种话语来决定有罪与否。

我们可以用与分析管弦乐乐谱同样的方法来描述宗教皈依的证词，但我们无法把证词作为解释皈依的资料。

这是一个无根据的结论。没有任何魔力（即便施展得很恰当）会把有助于我们理解的信息从干扰注意力的杂质中区分开来。然而，法庭有时同样能获知真相；经验丰富的审问者能识破混淆视听的辩护；民意调查者能发现战胜“顺从效应”的方法；勤奋刻苦的研究者通过多角度的研究，能形成关于社会活动的某个模糊领域的定论。没有万无一失的方法并不意味着我们注定总是失败。假如普通人有时能从言谈中得出有根据的结论，为什么社会学家就不能呢？

迄今为止关于自然科学与社会科学之间差异的讨论，总是对后者不利。在此，我想提出一个全然不同的结论。我们来考虑一下驯马师的地位。长期的经验也许使他们自信对马匹了如指掌。但社会科学家一开始就有巨大优势，他们与研究对象在生理、心理以及许多文化层面拥有共性。我从未成为恐怖组织的成员，并且一直让我的人生避开暗杀和逮捕。但在自身的经历中，我能发现自己极为喜爱的事业、十分恐惧和深感愤怒的事件，以及引以为豪的或者非常羞愧的行为。即使研究对象如外国公民那样遥远，共同的人性仍足以在我们之间结起无数纽带。我们也许会误解，但总有机会消除困惑。我们因无法实验而丧失的任何分析数据，都可以通过与研究对象展开持续谈话而详细获得。我无法用实验来检验我关于恐怖分子的亡命生涯的看法，但我能直接和间接地把这些看法陈述给问卷回答者。

结　语

总之，对于事实上的科学家在多大程度上能严格遵循自己在纲领性陈述中所设定的关于自身行为及其效果的高标准，无论我们可能持何种保留态度，我们都无须怀疑自然科学为获得有关物质世界的知识提供了可用的最佳模板。批判性的论证，诚实而细致的证据积累，检验观点的内在一致性及其与可用的最佳证据的吻合度，搜寻反驳（而不是支持）论点的证据，开展不受观念形态约束的思想和资料的公开交流——所有这些都可以被社会科学有益地采纳。然而，我们必须正确看待自然科学与人文学科的研究主题之间的差异。人有思想。人们的行为之所以如此，不是因为他们必须遵循一成不变的规则，而是因为他们拥有信仰、价值观、利益和目的。这个简单事实意味着，尽管社会学研究的某些形式看起来相当接近于化学家或物理学家的工作，但对社会学家而言，总是有进一步的事要做。我们关于解释的观念并不止于识别社会行为的规律。它还要求我们理解。

第二章

社会结构

对社会学的界定

大多数学科可以根据其关注焦点或基本假设加以描述。因此，我们可以说经济学家研究经济，也可以说，经济学家假定人类行为的一个根本原理是“达到最大值”的欲望。假如能在两家商店以不同价格购买到同样的产品，我们就会选择去较便宜的那一家。正是从这个简单假定出发，一个日趋复杂的假定体系渐渐扩展。譬如，经济学家继续假定，随着小麦价格的下跌，对它的需求就会增加。随着小麦价格的上扬，农民就会生产更多小麦。

同样，我们可以将社会学描述为对社会结构和社会制度的研究，社会学的内容通常被分成现代社会的阶级结构、家庭、犯罪和反常、宗教等主题。然而，罗列我们所研究的内容并不能使我们了解社会学研究方法有些什么特点。正如带有垂饰的手链一样，这种对社会学的描述将大量重要的观察悬在中心线四周，这个中心线由以下部分构成：现实是在社会中建构的；我们的行为具有隐蔽的社会原因；大部分的社会生活具有深刻的讽刺意味。

人类创造文化

当达尔文的进化论渗入大众文化时，人类便司空见惯地被看作只是极为聪明的动物。20世纪初，本能概念提供了一种解释人类行为的常用方法。20世纪末，基因图谱领域的进步使我们能对某些类型的疾病做出解释，人类受自身的生物学规律支配这一观点又一次流行起来。

要驳回生物决定论的那些更极端形式，一种简单方式是强调我们有意排斥本能的许多做法。我们也许有生的意愿，但我们可以自杀。女人也许有繁殖的意愿，但她们可以选择不生育并且仍然过着显然是很满足的生活。我们或许有强烈的性欲，但仍可能独身。假如我们注意到，在什么是直觉的这个问题上存在着相当大的文化差异，上述生物学主张便进一步被削弱。人们不仅可能会自杀，而且在不同的社会中自杀率也不同，无子女家庭的出现率也是如此。无论本能在我们的生活中起到何种作用，它都因文化差异而变得复杂。

然而，生物学能提供一个有用的起点：假如我们了解低等动物受生物性支配的程度，进而意识到这些规律在多大程度上**无法作用**于人类，我们就能看到文化的极端重要性。蚂蚁不考虑是否跟随领头蚂蚁。它们互相跟随，这是它们的基因编排使然。鲑鱼不考虑何处有利于繁殖，它们会自动回到先前的产卵之地。相反，人类几乎没有从自身的生物性中获得指引，关于个体自我管理和群体协调的难题也就随之而来。正如我将要阐述的，接下来的一切完全是人为的，因为它提出的问题是我们已经解决的。然而，通过对这些问题的理解，我们会认识到这些解决方法的重要性。

在把人类状况的巨大潜力和其他动物享有的非常有限的机会进行对比时，阿诺德·格伦使用了“世界开放性”这个词。我们的实践能力远远强于其他物种。公牛能进食、走路并四处跑动，用头猛顶其他公牛，并趴到发情的母牛身上交配。差不多就是这样。公牛无法超越所处环境的限制。我们能在阿拉斯加的冰下建造城镇，在那里，那些从结冰的废料中提取石油的工人在热腾腾的电影院里可以一边享受水流按摩浴，一边观看好莱坞电影。我们**能**做的事太多，因此，如果没有关于我们**该**做什么的某些准则，我们将因难以抉择而手足无措。因此，我们通过创建惯例和形成习惯来简化这一切。今天有效的东西变成了明天的行为模板。我们每天大约在同一时间起床，吃同一类食物，穿同一类衣服。通过忽视我们的大多数可能性并将其余可能性中的大部分视为习惯，我们只将世界的一小块领域留给自由选择、经过思考的行为。

然而，即使习惯形成过程使世界的开放性易于把握，我们也仍会受到法国社会学家埃米尔·涂尔干所说的那种人天生的焦虑的摧残。涂尔干的出发点是：“没有任何生物能够幸福甚或能够生存，除非它的需求与满足需求的手段完全相称。”对于大多数其他动物来说，这种平衡的建立是“自动自发性的”。蚂蚁的目标单纯并由它的生物性决定。它所能实现那些目标的程度取决于它的环境。蚂蚁或者得到满足，或者死亡。因此，谈论一只不快乐或离群或受挫的蚂蚁是没有任何意义的。正如涂尔干所说：

> 当依赖自身资源的存在所产生的空隙被填满时，动物在需求得到满足后就不再要求什么。动物的反思能力还没有发展成熟，无法想象除了隐含于它自然本质内那些目的之外的其他目的……但对人类而言，情况并非如此，因为人类的大部分需求并不依赖于身体，或依赖的程度与其他动物不同。

来看一下我们摆脱本能或环境制约的后果。哪怕我们有再多的成就和收获，我们总是想要更多。的确，成功似乎只会激发更多欲望。年轻人想要一辆车。等攒足钱后，他买了一辆雪铁龙2CV型车。大概在一年当中，他感到满足。然后，他开始对路上所有超越他的车感到愤怒，并渴望一辆有四个汽缸的汽车。等到又攒够了钱，他就换了一辆比雪铁龙2CV更快的沃克斯豪尔“万岁”。在接下来的一年左右时间里，他很快乐。然后，他想要一辆马力更大的汽车，渴望之情再度燃起。因此，他又鸟枪换炮，有了一辆沃克斯豪尔“骑士”。事情如此循环往复。即使在购买了梦想中的汽车后，他又会想要两辆车：一辆跑高速车道的大马力轿车和一辆用于在近郊驾驶的四轮驱动越野车。

某种程度上，这种苦恼是一个现代问题，是传统约束弱化的一种后果。另一种程度上，它是资本主义广告激发欲望的直接后果。但这也是一个普遍问题。涂尔干20世纪初的论断对非物质目标和物质领域同样有效。

> 人在行为、活动和努力方面的一切快乐表明，人的努力没有白费，通过努力他进步了。然而，当一个人没有前进目标时，他就无法进步，或者，当他的目标无限遥远时，情况也是一样。既然我们和目标之间的距离始终不变，那么，无论我们走哪条路，就都不如原地踏步。甚至连回顾走过的距离以及对此沾沾自喜也只能引起虚假的满足，因为剩余的距离并没有相应缩短。要实现一个根本不可能达到的目标必然使自己陷入永久的烦恼之中。

解决办法是**规则**。一种道德力量，一种明确了我们可以欲求什么以及应该如何实现愿望的共享文化，取代了生物学的束缚。为了填补格伦所称的“本能的丧失”所留下的这个空白，人们创建了社会准则。其中的一些准则可能由正式法律确定，但绝大部分只是约定俗成。没有任何法律规定白领管理人员应该穿黑色两件套装，然而，每个渴望获得高级管理职位的人都知道如何着装。就有效性来说，这种约束不是仅仅做做样子，而最主要的是深植于内心。我们通过社会交往而融入文化，这样，文化的要素便嵌入我们的人格之中。

给定一个能使个体获得满足的体系，假如我们能在其中看到文化的重要性，世界开放性——协调共同行为——的第三个问题就会更加显而易见。与蚂蚁和蜜蜂一样，哪里的交流和协调是源自生物性的，哪里就没有困难。一只蚂蚁不需要翻译另一只蚂蚁发出的信号，它能自发对分泌物做出反应。甚至像在蜂群中安排职能这种复杂的问题，蜜蜂也不会为此发生争执。对于蜂王之死，它们的自动反应是，通过给另一枚卵喂食遗传物质来造就下一个蜂王。

角　色

人类生物学在构建人类社会方面毫无建树。年老也许使我们变得虚弱，但不同文化在赋予老年人的威望和影响力方面具有相当大的差异。生育是作为母亲的一个必要条件，但这还不够。我们期待母亲的行为举止具有母性并表现相应的母爱。我们规定了一些支配着母亲**角色**的规范或标准。社会角色独立于生物基础，这可以通过回到前文加以证明：对成为一名母亲来说，生育毫无疑问是不够的，而正如领养和抚育表明的，生育甚至也不是必需的！

人们所期待于母亲或父亲或孝子的，在细节方面也因文化差异而不同，但无论在哪里，人的行为举止都是通过角色的**交互**特性得到协调的。丈夫和妻子，父母和子女，雇主和雇员，侍者和顾客，教师和学生，军阀和追随者——每个角色只因与另一个的关系才有意义。“角色”这个词是一个恰当用语，因为剧中演员这个比喻恰好表达了大量社会生活受规则支配或完全顺从于规则的特征，也表明了社会是一个联合产物。社会生活之所以存在，是因为人们各自扮演自己的角色（战争和冲突如此，和平和爱情同样如此），那些角色只有在整部戏的语境下才有意义。这个戏剧的比喻也提醒我们，演员在艺术上可以有一些出位。我们可以忠实地扮演一个角色，或如下述来自萨特的引文所表达的，我们可以表演过火。

> 我们来看咖啡馆里的这名侍者。他快速向前移动，准确得有点过头，也过于迅速。他朝顾客走去，步履快了点。他过于殷勤地弯腰；他的声音、他的眼睛表达了对顾客点菜过分的热忱和关注。最后他转回来，试图模仿一种僵硬的走路姿势，像是一个托着盘子、步伐机械的人，如同一个空中走索者那般不顾后果……他所有的举止在我们看来似乎是一场游戏……但是他在扮演什么呢？经过短暂观察后，我们就能解释这一切：他是在扮演咖啡馆的一名侍者。

美国社会学家欧文·戈夫曼将社会生活比喻为戏剧，并对此进行了大量有影响力的社会分析。或许，他最有力的观点是，只有通过扮演某种角色，我们才能表现品格。仅仅本性邪恶或善良是不够的，我们还必须看起来是邪恶或善良的。

我们将在下文中对所扮演的角色和某个更深层的自我加以区分。在此，我们可能注意到一些角色比另一些更有趣。如果一名女侍者扮演角色的方式向我们暗示，她远不止是自己的职业角色所展示的那样，我们不会感到惊讶。但我们会对“假心假意”

扮演角色的父亲感到惊讶和反感。一些角色比另一些更宽泛，更深远。称某人为牧师或信仰医治者，比称他是公交司机更能说明这个人。在此，我主要想说的是，在缺乏强有力的生物联系时，交互角色为协调人的行为提供了机制。

分类与类别

为了防止我的中心论点与某个相关论点混淆起来，我想简要地说点题外话。涂尔干和格伦经常被狭隘地误认为是政治上的保守分子。如果我们只注意到他们对政治稳定的关注，便没有抓住要旨。人的一切行为，不管是保守的还是激进的、反革命的还是革命的，都需要进行某种基本的分类。托马斯·霍布斯担忧，如果没有某种外在力量来强制实现文明礼貌，人们就会损害整体利益来谋求私利。我认为，即便这样的追寻私利也需要相当程度的共同文化。甚至无政府主义者也必须稳定他们的品格，相互交流，理解敌人！

正如本能适合于其他动物的需要，我们创建了适合于我们的社会机构，这使生活变得容易。通过使行为程序常规化，将它们或者画在“背景幕布”上，或者写入剧本，我们可以为即兴创作和有意识的选择留出一个自由区域，这个区域大小适中，便于个人和团体管理而不会变得不知所措。

虽然在冷静思考之下，我们能看到生活的大部分内容依循前人之路是有好处的，但现代人还是时常为人生的非人格化和可预知性感到沮丧。正如劳里·泰勒和斯坦·科恩在《逃逸的企图》

中所阐述的，我们经常试图区分我们所扮演的社会角色与真正的“我们”。跟萨特的侍者一样，我们的行为方式向观众表明，我们不只是我们所扮演的经理、公务员、公交车司机、父亲以及忠贞的配偶等角色，我们还能超越它们。我们可以利用业余爱好、假日以及周末旅游来构建一个表面人格，这个人格独立于我们在日常生活的最重要现实中所处的地位。然而，这强化了格伦关于共有法则之重要性的例子，即使这些逃逸企图是寻常且反复的。羊不用思考就会选择同一条最不费劲的绕山路，同样，即便在我们认为自己正从事着大胆、激进、反传统的行为时，我们仍倾向于循规蹈矩的生活。因厌倦妻子和家庭，一位中年实业家试图通过与秘书的恋情来重新发现自己的独立性（以及青春）。他想象自己是探险者，正在向未知的水域挺进，但在企图逃避日常生活中令人压抑的例行公事时，他只不过是接受了另一个出色运行的脚本。他爬越了监狱的围墙，暂时获得了所想象的自由，但很快又得出结论，自己只不过是跌入了另一间监狱的活动场地内。

文化的可靠性

上文是对现实是在社会中建构的这一观点的拓展。与那些认为人类行为的规律源于我们共同的生物性的观点相悖，社会学视角首先指出人不同于其他动物，因为人的世界是开放的，具有发展的可能性。因此，我们发现的这些规律性（我们发现它们，往往是因为它们对保持心理稳定和社会稳定十分重要）是文化的产物：它们是由人构建的。文化不可能被归结为生物性。

关于这个断言，还有一种不起眼却很重要的说法。即使客观刺激与我们的行为有关联，影响我们行为的却是我们对那些刺激的**解读**。想一想我们是如何“喝醉”的。在酒精的代谢方式上，澳大利亚的土著农民、纽约的实业家、苏格兰的医科学生和意大利的儿童之间不大可能存在重要差异，不过，当这些人喝酒时，他们的行为却有巨大差别。我不仅仅是想表明不同文化对醉酒有不同看法，尽管这也是事实。在北大西洋上出海一周后返家的渔民所能接受的食物，并不会出现在东京的商务午餐中。我的意思是，文化“覆膜”已有如此效应，以至于不同民族的人**期待**酒精以不同方式影响自己，并且的确由此而形成了不同的感受。同样的酒精量，在一种文化背景下会引起步履不稳、语无伦次和失控的傻笑，在另一种文化背景下却可导致静思默想与平和情感。或者换句话说，我们知道了该期待什么并且大体上发现了它。正如霍华德·贝克尔在《成为一个大麻使用者》这篇极为重要的文章中所论述的，同样的客观情感既可以被解释为兴奋也可以被解释为恶心，学会感觉前者而非后者则是成为一个吸毒者的关键。

这将我带回到社会学中对初学者来说非常难的一个方面。把世界划分成真实的事物和想象的事物（客观的外部现实和主观的内部景观）的做法非常诱人。我有一个学生，此人既不善言辞，也非荒诞无稽；他在设法总结对精神分裂症的生物学解释所发出的批评时说：“看得出，精神病都是空想出来的！”也许如此。但令社会学家感兴趣的领域既非“完全在头脑里”，也非完全处于我们的意识之外：它介于主体之间。假如有足够多的人都以类似的方式想象一些事物，那么这些事物就可能具有一种与“客观”世界难以区分的永久甚至压迫性的现实性。在考虑如何解释我们的行为时，美国社会心理学家W. I. 托马斯写道：假如人们确定情境是真实的，那么，其后果也是真实的。一个相信房子着火的人会逃离这所房子。房子没有被烧毁这个事实证明他的信念是错误的，然而，要搞懂为什么这个人要逃离房子，重要的是他的信念而不是“事实”。

假如我们思考一种社会制度，例如宗教，我们可以在更大的规模上得出同样的观点。社会学家不希望卷入判定哪种宗教信仰正确（假如有正确信仰的话）这种难题中。我们只需要注意到宗教信仰数以百计，且多数基本上互不相容。如果罗马天主教徒是对的，那么，基督教新教徒、穆斯林、印度教徒和佛教徒就是错的。因此，我们至少可以接受的说法是：有一种或更多种宗教信仰是错误的。然而，宗教信仰体系可以有极大的影响力。在中世纪，基督教会发挥着巨大作用。它统治着国家，它的信仰塑造着社会的高层文化和人们的日常生活方式。通过宗教仪式和贯穿其中的观念，教会观照着出生、婚姻和死亡以及季节变化的周期。尽管复杂的神学知识仅为受过教育的少数人所掌握，但几乎所有的人都知道有一个上帝，他创造了人间、天堂和地狱，他规定着某些类型的行为举止，他赏罚分明。甚至连那些不特别虔诚的人也会使自身的行为符合教会对神意的解释，并时常乞援于教会神奇的魅力。神圣的护身符、圣水、圣徒的遗物，以及价值堪比一座森林的圣十字架碎片，这些是敬奉之物，是促进健康、改善社会关系和提高农业生产力的实用手段。毋庸赘述：不论中世纪基督教教会是否拥有“真正”的宗教信仰，人们都相信它拥有并依此信仰行事。

然而，社会结构只有在被**共享**时才切实可行——这一点至关重要。它们可能是虚构的，但假如人人都相信，它们就不再是信念了；它们就是“真实事物”。但是，只由少数人共享的世界观则没有获得那种可靠性，它依然是信念。假如只有极少数人或只是某个人持有这种信念，那么，它会被视作疯狂。

至此，我已进行了简化，假定对主体间的可靠性而言，重要的是数量：多数人的观点是准确的描述，少数人的观点则是应被拒斥或纠正的病理学。这一点很重要，因为一种世界观要获得极大的合理性，还是要诉诸体现它的世俗行为，诉诸这些行为不易察觉的重复发生。当每一次对不幸的反应都是祈祷，当每次分别都互道“上帝与你同在”（我们现在使用的“再见”的原型）以示庄重，当对好天气的反应是“赞美主啊”，世界理所当然会被认为是由上帝创造的。通过这种方式，共识赋予信念极大的力量。但是，值得指出的是，不是所有的观点都具有同样的影响力或说服力：个人和社会团体“界定情境”的能力有差异。正如彼得·伯格所说的：那个有最大棍棒的人拥有将观点强加给他人的最佳机会。我们可以补充说，把什么当作棍棒则因社会而异。

假如我们待物和行事的方式不是“自然的”，即不是来自我们的生物性，而只是文化的一种结果，这是否就意味着，我们居于其中的这个通过社会化而建构的世界是脆弱而易变的？前文给出的回答是否定的。在1800年的西西里，一个孩童长大后基本上除了成为天主教徒之外没什么别的选择。但多数社会不满足于将文化的合理性诉诸共识。用被马克思通俗化了的术语来说，他们也进行**物化**（reify，源于拉丁语*re*，即“事物”，意思是“使之如物一般”）。

假如格伦和涂尔干是正确的，即文化为人类所做的就是本能和环境约束力为其他物种所做的，那么，我们必须经常刻意地漠视文化的人类渊源。假如我们公开承认我们的各种制度与机制具有社会建构的本质，并对其他民族以不同方式行事这一事实过于熟悉，我们的体制就会丧失信仰。

在实际生活中，我们有很多种手段来进行物化。举个纯粹个人的例子吧。我认识的一位老太太并不“喝咖啡”。但每天在同一时间，她有“咖啡时间”：这意味着她会遵循某种不由自己设计的时间表。她的喝咖啡时段表现为一种义务。“咖啡时间”不仅要有咖啡，还要有饼干，因为“没有饼干单喝咖啡太湿”。作为一个在漫长一生中几乎没有去上班挣钱的人，很显然她可以随心所欲地安排自己的日程，但她却把自己的生活视为一系列义务，甚至偶尔还从不履行这些义务中得到快乐。

在更大规模上，我们可以注意到，大多数社会都在为其体制寻求超合法化。原始狩猎者认为，他们之所以用这种独特的方式狩猎，是因为猪神教他们如此狩猎。中世纪君王们声称他们得到神的支持。维多利亚时代的一位赞美诗人写下圣歌《万物光明而美丽》，其中有“城堡里的富人，大门口的穷人，上帝创造他们，高贵的和卑贱的，安排了他们的财产”的歌词，特意说服穷人接受现状。无疑，对这首广为传唱的赞美诗的反复吟唱，的确有助于阻止下层民众变得失控。正如社会的差异在于其权力的渊源不同，它们在可被称为特定社会机制的超合法化方面也有差异。如上述三个例子所示，宗教社会把权威归结于上帝或众神。在19世纪和20世纪初的西欧，宗教解释变得越来越难以令人信服，人们开始要求用科学来解释一些特定的等级秩序。因此，指定富人和穷人的财产的不再是上帝，而是他们的遗传物质，或如玛格丽特·撒切尔和罗纳德·里根这样的经济保守主义者会赞成的，是神秘而不可战胜的政治经济规则。社会之间的差异主要在于谁或什么被认为创建了社会秩序——与这一点相比，我更关注的是下面这个抽象的观点：物化的近乎同等的普遍性表明，它不只是支持影响力强者，它还服务于一个更大的目标。

物化如此普遍的一个理由是它包含了一个基本真理。就个人而言，我们谁都没有创建形成我们生活方式的社会体制；我们生在其中。那些构建着我们的行为举止并限定着他人对我们的期待的角色，在我们来到这个世界之前就已经存在，并且在我们离开这个世界后仍将继续存在（无疑会被稍加修改）。现实可能是通过社会化建构的，但从整体来看，它不是由任何单个有名有姓的个人造就的，它无疑跟我们中的任何一个人几乎没有或根本没有关系。语言是惯例所具有的强制本质的一个恰当例证。当然，语言是由人设计的，但它的基本形态是直接呈现给我们的。尽管我们可能对它进行修改（我们中的一两个人可能实际上造成某个重大变化），我们的总体感觉却是，我们只是沿袭着业已存在的一切。

总之，我们能认识到现实是通过社会化建构的，无须做反向推测，即假如我们不再将某种情境界定为真实的，那么它将逐步消失。社会体制可以具有极大的力量，单纯地通过展示其人类渊源（特别是通过展示一些团体比另一些团体从某些体制中受益更多）来对它们加以"解构"，并不会使它们消失。

结构层：工作中的人

宗教团体惯于声称其组织架构是上帝指定的，但政府机构、商业集团、工厂以及其他"正式组织"却被欣然承认是由人创建的。我们常常说得出创建某个团体或从根本上改变其结构的那些人的名字。然而，在此领域，社会学在"揭示"正式机构应该如何和它实际如何运作之间的差异时也可以是彻底的。我们可以把社会建构概念看作一种邀请，邀请我们去体会一座大厦的原始设计图与实际建造好的大厦之间的差异。

这种研究的一个最佳例子是麦尔维尔·多尔顿1959年出版的《管理者》一书。为了充分说明多尔顿这部著作的重要性，我们应回到马克斯·韦伯关于官僚制的著述。关于现代社会与先前社会有何不同，社会学的三位奠基者都有自己的高见。对马克思来说，不同之处在于阶级。对于涂尔干，在于共同准则的崩溃。对韦伯来说，在于理性的兴起。在此，我会对这本书里所给出的所有对立项加上适合的限制条件。尽管这一限制条件会简化我们的叙述（如果我们声称如此的话），但是，社会发展的各个时期之间不会有清晰的界线。几乎不存在界限分明的断代。一个时期盛行的观点和习俗只是逐步地被其他时期的观点和习俗取而代之，许多观点和习俗会在特定的地理区域与社会团体中得以延续。当社会学家从时代的角度谈论社会变迁时，他们跟漫画家一样，会抓住并放大社会中最重要的特征。假如篇幅允许，此处所述的一切还可以补充很多限制性细节和例外情形。但由于篇幅有限，我只能继续进行总括性的概述。

在一个由历史悠久且横跨众多行业的社会纽带联系在一起的民众小团体（即我们所说的“社区”）里，人际互动可以受到面对面的监测和协调。某个有问题的人可以被“谈话”、被回避，如果有必要，也可以被排斥。决议可以通过协商和共识达成。当这个小型社区被大规模的社会取代时，所涉及的人的数量和复杂性都要求有一种完全不同的管理模式。二十名共享公共牧场的小农场主可以定期碰面，决定每人有多少头牲畜可以使用公共牧场。而北海石油勘探和开采的地段分配，则需要正式机构来完成。

现代化的一个特征是理性官僚制的大量增加。官僚制不是工业社会的发明；正如韦伯所指出的，中古时代的中国人相当精于此道，而在过去两千年的大部分时期，基督教教会都是以官僚制组织起来的。但韦伯认为，现代社会在生活受理性支配的程度方面不同于传统社会。

上面这一点将在第四章中进行进一步论述。在这里，我想概述韦伯对现代组织的描述。首先，现代官僚制将职位与位居此职的个人区分开来。当司法长官辞职时，权力就被移交给下任长官。职位与任职者之间的区别也适用于酬金。一家工程公司的资产属于公司，而不属于那位恰好是经营主管的任职者。作为重视企业命运的一种激励，我们可以给管理人员一些公司股份，但一般来说，他们所拿的薪水与公司资产无关。为了看清与此不同的其他操作方式，我们可以考虑中世纪的包税制。人们通过许愿为国王增加一定税额，来争取收税员的职位。于是，他们想征收多少就能征收多少，并且超过他们许给国王的上缴额度。这样做也许能有效地将财源上缴给国王，但这也怂恿收税员敲诈纳税人。而现在，我们的税收与收税员的薪水收入则完全分离。

其次，官僚制根据工业劳动分工的方式来处理事务。诸如打仗这样的复杂行业会被分解成不同的组成部分，因此，每种工作就有且仅有一个职位来负起责任。军火部门组织武器的生产，医疗队医治伤员，出纳室负责士兵的工资，等等。这种劳动分工不仅保证一次性完成一切必要事务，而且也使任职者精通被指定的业务。这也意味着，对新的官员可就工种所需的专门技能进行训练和考查，而专业能力可以为晋级提供合理的标准。

在各项任务的划分中，职位安排有明确的等级，指令序列清晰。所有管理人员都知道他们该听谁的和该向谁报告。

最后，任职者的职责是由普遍适用的规则来规定的。所有情况（与其说他们是人还不如说是“情况”）都用同样的方法处理，并且所做评判只涉及当前事务。现代收税员向自己的朋友、亲戚以及教友收的税并不比向陌生人收的更少：他们将同样的规则用于所有纳税人。

乍看之下，且从长远看，这一模式对现代社会和传统社会之间的主要差异做了很有说服力的描述。1900年的德国军队，19世纪宗教改革后的英国教会，或美国国税局，这些都是充分的证明。然而，韦伯的描述读起来也像是某种公共关系的训练。的确，20世纪前半期政府机构和私人公司提供的许多自我介绍，读起来都像是由某个谙熟韦伯对理性官僚制的论述的人写成的。

多尔顿对现代组织之理性的怀疑源于他1950年代初的亲身经历，那时，他在一座被他称为马格内西亚的美国城市里担任两家制造公司的初级经理。白天工作时，他观察自己及同事们做事的实际方式。他的结论是，在正式结构和运行程序与公司实际运行的方式之间存在相当大的差异。在那个时代，管理的普遍理念是它是“科学的”，遵循着切实理性的方法从而获得解决问题的唯一最佳途径。多尔顿表明，管理是一种利己的政治活动，涉及谈判、妥协，并承认不存在唯一的解决方法。多尔顿洞穿了商学院和公司企业所给出的作为人类行为理想模式的管理者的行为方式，揭开了现实：他们做事，是因为他们在工作，然后用组织的规章来为某些根据非常实用和实际的理由做出的决定赋予一种理性的假象。

多尔顿给出了众多例证，在此仅举三例。某公司对零件和材料有严格的控制，这些零件和材料只有在出具货单说明用途时才能签字出库。然而，生产线的管理者却认为，手头直接存有这些零件和材料可以防止高成本的延误。为了阻止此类囤积，公司要求人事管理部门进行突袭式的储备审计。但检查人员在工作中也需要那些生产管理者的合作。因此，检查人员并不采取突袭式的检查，而是事先把话传出去，他们将于何时、沿哪些路线检查。生产管理者于是把违规的存货放在电车上，这样他们就可以快速地将它们转移出检查路线。结果是，检查者没有违反公司的正式要求，同时也保持了与生产人员的良好关系，让他们继续做事。

多尔顿也关注职务的任命和升迁。他发现不少高级管理人员既是共济会会员，又是游艇俱乐部的成员，数量超过了正常比例。显然，他们之所以被任命，是因为他们是“我们中的一员”。他们善于操纵政治交易和战略交换的非正式体系，以达到目的。他们也是非正式小集团的成员，这些集团要求得到尊重。尽管这些特征不属于选拔管理人员的正式标准，但多尔顿从管理的角度表明，它们具有实际的意义。

言辞与现实之间的差异的第三个例子，与权威的等级制和职务的权力相关。多尔顿曾工作过的那些公司遵循韦伯的模式——清晰的问责机制和明确的职权分工。但在那些形式上享有同等地位的管理人员中，一些人比另一些人拥有更大的权力和影响力。底层人员很清楚某些上司无足轻重，可以把他们交办的工作放到最后处理，但另一些上司是“有前途的人”，这些人应受到格外尊重。在某种程度上，这反映了能力；不是所有在形式上担任同等职务的人都同样地精通业务。在另一种程度上，它反映了某种取向。某人已接近退休年龄，他只想过安静的生活，而另一个则年轻有为，抓住每个机会来加强自己的职权。如果用角色的语言，如莎士比亚的《哈姆雷特》，我们可以说，人物角色是预先设定的，但演员在表演这个角色时，却保留了相当多的自由。

一个复杂组织的现实并不反映其形式结构，这已不再令人惊讶。我不想去确定犬儒主义的传播与揭露行为的盛行始自何时，但在20世纪的大多数时期，我们都可以看到诸如以下的文化成果：西格弗里德·萨松在第一次世界大战的战壕中写下的生活日记，或斯派克·米利根在第二次世界大战的英军行伍中的生活故事。就目前而言，多尔顿所提出的观点对我们来说已不足为奇。尽管这样的观点已是老生常谈，但并不影响它的真实性和重要性。显然，有着明确界定的正式组织总是由于内部成员的活动不断地被塑造和重塑。这不是说它们是混乱的，缺乏组织。这仅仅意味着，正式组织的那些原创理论家没有正确指出"正式"这种性质的**位置**。多尔顿的公司运行顺利，因为它们拥有管理者和员工之间业已达成共识的颇为清晰的目标（虽然这些目标有时相互冲突）。他们创造出并维护着属于自己的对怎样运行企业的实际理解，假如被要求对自我进行解释，他们也学会了使自己的行为成为合乎逻辑地遵循正式结构和操作程序的结果。

结构层：违规者

现实被反复重建，成为多个层级——这可以通过法律和违法者的例子加以说明。毫无疑问，法律是人类创造的。有关的政治学和法学的书籍可以列举出那些立法者。在英国，议会制定法律。在美国，国会和参议院制定联邦法，而各州的立法机构制定州法律。此外，我们可以看到，尽管审判员和法官只应当解释和应用法律，但应用本身就可能创立新的法律。在一些文化（如毛拉统治下的伊朗）里，有人会通过声称法律神授来为法律寻求超自然的合法性，但即便在此，我们也能辨别出毛拉，正是他们对《古兰经》的诠释形成了伊斯兰教教法，或者说宗教法。

我们可以以法律的存在为出发点，并假定我们可以欣然理解哪些行为属于违法。我们辨别出某种行为（比如男人将自己的性兴趣指向不情愿的女人），再对照法律模板，看它是否犯法。遗憾的是，事情并非如此简单。首先，许多法规本身是含混的。甚至非常具体的法规也难以明确规定，在各种想象得到的情形中它们该如何应用。其次，许多行为潜在地受制于很多法规，它们之间并不总是完全吻合。法律会逐步积累。制定者们也许会尽他们最大的努力协调新法与现存法之间的关系，但两者之间的冲突将无法避免，因此，即使相关的行为没有争议，应由何种法律机构对它进行裁决也很可能会引起争议。

此外，对法律的应用很少一以贯之。举开车超速这个相对简单的例子。在英国的主干道上，时速限制是每小时六十英里。但是，交警很少制止那些每小时开六十五英里的人，原因是测量设备和汽车速度计没有精确到足以确认故意超速。然而，甚至这种新的“真实”的时速限制也没有被公平地应用。这里的本地警察执勤时接到的报警多到难以应付，而且，乡间公路上的超速不会优先处理。当没有其他事要处理时，在驾车者习惯超速的某个直行路段，交通队会将警车停放在一排山毛榉树后面，伺机逮住几个肇事者。之后，他们就回去处理更紧迫的事情。因此，被当场抓住超速的可能性取决于执勤期间其他报警事件的紧迫性。此外，警察对超速司机的反应不仅取决于“事实”（诸如时速与路况），还有赖于驾车者的态度和举止这些无形因素。假如驾车者看上去不是那种惯于无视速度限制的人，那么，最可能的制裁是一顿严厉的训斥。假如驾车者咄咄逼人且“看上去像一个超速者”，那么，他更有可能会受到记名警告和罚款。在决定如何做出反应时，警察不仅会问“违法了吗？”，而且还会问“这个人可能再次违法吗？”。

因此，我们从简单的公式，即犯罪就是违反法律开始，很快就发现事情极为复杂。的确，决策和解释的滤层看起来如此之多，以至于我们可以更准确地说：（1）**犯罪就是由恰当的官员裁决的违法**；（2）这些裁决的根据包括许多“超法律”的因素或（如上例中警察对那个推定罪犯的未来行为的猜测）至多与法律问题具有某种复杂社会关系的因素。这或许已对我们的出发点做了重要的阐述，然而，警察当然不是唯一参与辨别罪犯的人。检控方必须决定是否提起公诉，如果提起，又是何种罪由。法官和陪审员们必须审判这个案子并且做出裁定。

刑事司法制度是一个反复的社会建构的复杂过程，每个组成部分都受自身利益的驱动，并受到其他部门决策的影响。警察对家庭暴力的处理为这类反馈机制提供了很好的佐证。在1960年代，警察一般忽略“家庭矛盾”。他们对此的解释是，家庭暴力的受害者通常拒绝出庭做证，法庭往往无法证明施暴者有罪，即使证明了，也只量以轻罚。对于警察部门来说，他们有太多消耗资源的事要做，“家庭矛盾”似乎不值得花费力气。然而，这种情形在1970年代开始转变，当时，有组织的妇女团体设法引起媒体对家庭暴力的关注。这最终影响了法官，使其对家庭暴力不再那么容忍。新的制度被设计出来，以减轻原告（在调查和起诉阶段）的压力，这反过来导致更多的控告，证人更愿意出庭做证，警察产生“工作卖力会获得奖赏”的预期，因而愿意采取更有力的行动。由此，我们逐步地看到家庭暴力的社会建构在变化。

社会上存在大量的家庭暴力犯罪，而受到报道、记录、处理和审理的案件所占的比例是动态的——这种看法仍然假设，司法过程的基本素材是可被明确划分为犯罪与非犯罪的世界。然而，还可能有另一种更为激进的观点。假如情况的确是，原始行为的“实际”状况比在过滤阶段介入的各种因素对最终结果影响更小，那么，说进行社会界定或**贴标签**这样的行为实际上是犯罪行为的源头岂不更准确？一位道德哲学家或一名警察可能想说，“犯罪性”是原始行为的一种特性，有些犯罪行为被发现，有些则未被发现。假如我们对真实世界里的行为的后果感兴趣，那么最好还是将“犯罪性”视为官方界定者贴于某些行为的标签的一种特性。

用“贴标签”的观点来看待犯罪和异常行为的做法在1960年代后期流行起来，显然，它的主要吸引力在于对社会秩序抱明显的激进态度。这种“贴标签”的视角在面对那些含混不清又处于临界地带的案例时非常有说服力。一个英式橄榄球俱乐部举行的宴会给某个宾馆造成相当大的损害，这是狂欢作乐还是严重的流氓行为？一位上了年纪的夫人相信外星人拿走了她的电视机，这是怪癖还是精神病呢？一位小店主窜改他的纳税收入，这是欺诈还是企业家的想象呢？船上的索具堆里发现了一个渔民的尸体，这是自杀还是意外死亡呢？鉴于这些行为或事件可以有种种解释，贴标签的方法似乎是合理的。它有极大的优势，那就是将我们的注意力引向这样的事实：最终的标签将既归功于发现也同样归功于创造性的解释。它让我们看到与这类解释相关的各种各样的利益纠葛。我们可以尝试做以下种种猜测。由上层阶级的橄榄球俱乐部造成的犯罪损害会被界定为"兴高采烈"，而劳动阶级足球迷同样的行为却被视为肆意破坏公物。假如上述年老的夫人在经济上自给自足，同时又不是某个家庭单位中的重要人物，那么，她的怪癖更可能被容忍，而不是成为治疗的关注点。与偷"别人钱"的社保骗子不同，那个通过欺骗收税员来保住"自己的钱"的商人受到的惩罚会更轻一些，即使他们一样损害了公共利益。假如那位死去的渔民有亲戚，并属于某个保守的宗教传统，与他独身一人并且不是宗教徒相比，他不明不白的死亡就更有可能被判为意外死亡。在所有这些例子中，我们可以看到某种行为是被判定为犯罪还是异常行为，并不依赖于行为本身的特性，而是由介入贴标签过程或界定过程的种种因素来解释。

在更真实地描述犯罪与异常行为方面，贴标签的做法很重要，但这种方法因疏忽了社会界定的两个重要方面而言过其实。首先，某些社会规则实际上很简单。在任何特定的社会或者亚文化里都可能有这样的共识，即我们往往无须考虑在标签法中被视为关键的社会界定的过程。尽管一些野蛮的肢体接触可以通过解释消除责任（“她从楼梯上掉了下来”），另一些可以得到合理的解释（“我以为他拿着刀要捅我”），但是还有各种各样的大量案例，我们中几乎所有人都能把它们**正确**归类为“用致命武器袭击”“严重的身体伤害”“谋杀”等等。尽管各种古怪行为可以被当作怪癖加以忍受，但同样，也有那么多种的古怪行为可以毫不迟疑地被视为需要治疗的疯癫。也就是说，尽管我们之所以知道某事是一种犯罪或异常行为，只是因为社会是如此界定的（贴标签观点），这些界定也还是可能变得很完善以至于大多数人能够相当公平地使用它们。

标签法的第二个弱点是它或多或少地忽视了良心。这一点使我能正式地介绍**内化**这个概念。从它最强的意义来看，标签法意味着未经界定的犯罪不是犯罪。但是请看：一个男人在杀妻并将其埋于天井里十年后，走进警察局，要求与侦探谈话，并供认了罪行。他这样做是因为一直被罪感折磨。他不需要任何外界权威把他的行为归为犯罪；他自己的良心已经这样做了。尽管他通过社会化而吸纳自身所处文化中的规范，还没有彻底到能阻碍他杀人的程度，但他已经充分内化了那些规则，内心的社会声音使他不能为所做的事感到心安理得。

说到良心，我可以重申本章第一节所隐含的一个观点：当人类文化的外部特征在人的头脑和人格内部被复制时，人就变得社会化了。回到前文的戏剧比喻，在一个稳定而成功的社会里，演员不仅仅练习角色的对话。他们是“体验派演员”，完全融入而不只是在表演角色，他们活在了角色中。脚本和舞台指导这些外在辅助不再是必不可少的。演员呈现了人物。

社会学有很大一部分内容就是要理解这一切是怎么发生的。社会学的重要原则之一是，他人的看法对人如何看待自我有很大影响。在论述社会作为一个由环环相扣的角色构成的体系时，我已对这个现象在宏观层面上进行了阐释。作为父亲，必须有子女。作为教师，必须有学生。作为一个好父亲的必要条件是，子女认为你是个好父亲，并且其他人（如配偶、子女的祖父母和外祖父母、朋友以及邻居）也是这么认为的。

当我们意识到他人的看法对**习得**某个角色的作用时，上述情形便可以用个人的动态的词语来说明。一名男子试探性地采用在他看来与一个好父亲相称的方法行事。随后，他便本能地监测子女和亲近的人（正是这些人观察着他的表现）的反应，并根据自己所认为的他人看法来调整行为。假如感觉得到了认可，他可能为自己所做的一切感到自豪和愉悦。看到敌意、缺乏理解、恐惧以及厌恶时，他可能感到惭愧。美国伟大的社会心理学家查尔斯·霍顿·库利创造了“镜中我”这个词，来描述通过对他人眼里自我形象的反应而获得某种身份这个过程。有时，这种监测是正式而公开的，即这名男子与妻子可能就好父母的原则进行辩论。但多数情形下这种监测是非常低调的，几乎察觉不到。

社会互动的特征带来的一个重要结果是，确定某人是谁或某人是什么的企图可能会**自我实现**。如果一个女孩总是不整理她的房间，不按时做好准备工作，即使做简单的事情也不收拾起专用工具，她的父亲会反复地把她描绘成一个“傻瓜”：可爱但无能。如果这种称号及其隐含意义被父母和其他亲友频繁复述，这个女孩完全可能将她自身的这种形象内化。她会认为自己无能，并且越来越表现出自己的无能。原本是作为对某种现有性格的有效描述，却在事实上创造了它自以为自己所观察到的东西。

对这一描述，需要补充许多重要的限制条件。首先，被贴上标签的这个人不是被动的。身份是**协商确定的**。那个女孩可能找到方法来回应父亲对她的看法，而不只是简单地接受。父亲反过来又可能发现新方法来理解她的行为，比如将“傻瓜”变成“心里明白的孩子”。再则，并不是所有与这个女孩接触的人都对她具有同样的影响。乔治·赫伯特·米德谈到过“重要的他者”。对于孩子来说，父母（或者他们的替身）是最重要的他者，但年长的朋友和其他亲戚也可能有影响力。在日后的生活中，那些身处正式职位的人变得重要起来，我们甚至可能受到想象中抽象的“参照群体”应当会持有的观点的影响。在撰写本书时，我很清楚社会学家这个群体可能会有的反应。

在教育社会学领域，大量研究非常有效地运用自我实现的预言来解释学校如何无意地再造着社会阶层。我们从屡次的调研中了解到，比起父母是中产阶级的孩子，父母是劳动阶级的孩子更有可能最终成为体力劳动者。我们还知道，甚至当我们比较具有同等智商的孩子时，结果依然如此。然而，我们也了解到，很少有老师有意识地歧视底层阶级的孩子或故意给他们低分。那么，阶级是如何再造的呢？无疑，答案是复杂的。聚居模式往往反映社会阶层，结果是，区域性学校的阶级结构也随之不同。中产阶级区域的学校往往吸引更优秀的老师，而且有校风好和考试成绩好的名声，这些反过来又会吸引更多的中产阶级父母和雄心勃勃且自信的劳动阶级父母。中产阶级学校也往往资金雄厚。但是，即使承认这些大背景的因素，在任何学校里，孩子们的学习成绩往往深受阶级的影响这一情况依旧存在。

原因出在恶性循环上。劳动阶级子女从一开始就对自己期望不高。一般来说，他们只希望得到父母和近亲所从事的那些工作。这些相同的角色模式寓于一种“粗俗”的文化，这种文化使他们的子女比中产阶级子女更爱炫耀、更为粗俗。他们往往更爱捣乱，也更难对付，即便是在他们完全不是故意这样做的时候。他们学习不太努力（这一点很关键），并且即使当他们跟别的孩子一样努力学习时，他们的优点也往往被忽视，因为老师们会很快对某些孩子将学得怎样做出评估，这些预期基于含有强烈阶级成分的微妙暗示。老师的这些预期通过很多经常是无意识的方式反馈给孩子，结果是，他们甚至在正式证明是否成功之前就有了一种“失败”感。这些预期在那些根据学生能力“分班”的学校体制里得到进一步强化。

孩子们一旦开始明显表现出成绩不佳，他们就面临一个选择：要么继续与学校的官方价值体系保持一致，将自己看成“失败者”，要么寻求其他维持自尊的途径。后者之所以是一种选择，是因为已经历了失败且年纪较大的孩子创建了一种对抗性的亚文化，他们为反叛行为感到自豪，并乐于“拿老师开心”。我能回忆起在我的学校（那个时候，体罚司空见惯）里有一个男孩上学后不久就与教员起了冲突，从那以后，他为没人能治自己的那股狠劲感到自豪。与教员正面冲突时，他故意激化矛盾，从而证明无论遭到多么频繁和多么用力的体罚，他都不会哭。不出所料，教员很快就视他为一个需要对付的问题学生，他也一有机会便尽早地离开了学校，没有拿到毕业证书。

在此所述的是一种关于学习的情境理论。这种理论假定，那些由于在某个价值体系里被认定为失败而感觉被贬低的人，可能被一种与主流价值体系相悖的反文化所吸引。为了使自己感觉良好，这些坏男孩创造了他们自己的亚文化，在这种文化里，“坏”实际上就是好。

上面通过运用米德和库利的社会心理学理论表明的是，坚持把人当作某一种人来对待会使他们成为那种人。然而，我们可以讲述一个略有不同的故事，在这个故事里，演员接受他人的评价就不那么重要了。让我们假定，一名中层管理会计师被冤枉犯有欺诈行为。无论怎么声明自己是无辜的，他还是被判有罪入狱。他丢了工作。妻子离开了他，并且带走了孩子。他失去了房子和经济保障。出狱时，他发现自己再也不能做一名诚实的会计师。以前的朋友和同事疏远了他，高尔夫俱乐部开除了他，本地教会回避他。正派社会对他的排斥与他从罪犯那里获得的接纳具有明显的反差。在监狱里，他与那些不因为他的假定之罪而鄙视他的人交往。尽管一直否认犯罪，他却发现有一个社团因为他被认为做了的事而钦佩他。

在那样的环境下，我们的会计师完全可能发现自己愿意接受罪犯的帮助。被贴上罪犯的标签这一事实非但没有阻止他进一步犯罪，相反可能足以使他（假如我们相信他关于自己无辜的声辩）成为他不是的那种人。总之，某些标签可以导致非常类似的后果，不管那个原始标签的获得是否因为下定义的人有权进行定义。

标签法并不只是一种抽象姿态；它支撑着我们的少年司法制度。尽管不同社会在年龄划定方面有所不同，但大多数现代国家在对待青少年犯罪时，都会尽量减少青少年被迫放弃传统角色而进入犯罪生涯的可能。因此，我们的法庭会努力保护未成年违法者的身份，假如他们必须被关押，则会与成年囚犯分开关押，因为后者可能成为他们的角色模式。

现在，我想回到本书的主题。以上关于犯罪行为和异常行为以及教育失败的论述表明，社会行为中的创新因素不止局限于某种体制的诞生。正统的基督教徒完全可能成为物理学家。他们可能承认上帝造就了地球，但随着继续研究物质行为的规律，他们将这一点搁置一旁。他们只是认为，上帝在创造了物理学规律之后，便不再插手这些规律的日常运行。民众与其所建构的社会现实之间的关系则截然不同。我们不能在承认我们的文化是一种社会产物之后，紧接着又认为我们无须反复参照这种命题所暗示的创造性解释就能研究社会生活。相反，我们必须意识到社会秩序是不断流动的，它永远处于变化之中。尽管把社会理解为是受大量规则支配、由互相关联的角色构成的不同群体，这很可取，然而我们必须永远牢记，某些角色的表演为即兴创作提供了偌大空间，解释的过程从未停止。

第三章

原因与结果

隐藏的原因

在前一章里，我明确指出，尽管现实是由社会建构的，但它具有持久和强制性的特征，因为我们任何人在这一建构中的作用都是微不足道的。即使我们自觉地反对秩序，我们的"逃逸企图"也倾向于遵循预定的路线。社会学有别于常识的一个方面就在于，它对我们所喜欢的将自己视为自身思想和行为的创始人的幻象提出了质疑。并不是说我们经常把自己看作自身命运的主人。大企业的首脑、宗教幻想家以及政治领袖们也许把自己视为独立之人，但是我们多数人都非常了解自己在那根图腾柱上所处的位置。然而，正是我们的身份感预设了一个独立于社会力量之盛衰的"我"。我也许不能防止我的生活水平不受银行利率变化的影响，但是我能决定我吃什么食物，支持哪个政党，上哪座教堂（如果有的话），以及如何装饰我的寓所。

然而，假如要对人的行为有任何解释，那就一定得存在有规律的生活模式，那些规律性至少在某种程度上由我们所无法控制和认知的因素所引起。当卡尔·马克思说我们不是在自己所选择的环境中创造自己的命运时，他就清楚地表达了自由与约束之间的这一悖论。“创造我们的命运”这一想法，就像那些更直接的约束那样显而易见。我决定周日下午驱车前往某处，并且意识到我是根据交通规则开车的。但是关于我们是谁和我们做什么的很多问题，都包含了我们并不清楚的社会原因。通过寻找有规律的模式以及对不同世界的系统比较，社会学家能够阐明那些原因。

对于某些研究——这些研究找出了在我们看来高度个人化的行为的社会原因，一个很好的例证是爱情和社会身份之间的联系。在很多社会里，婚姻是由父母做主的，父母在为子女选择配偶时，着眼于家族联姻的价值。但在一些例外情形下（比如没落的贵族），工业社会里的人们为摆脱这些外在因素的考虑感到自豪，认为他们纯粹是基于朦胧而强烈的爱的情感进行择偶。那些继续采用更古老形式的人可能成了笑柄。《盲目约会》是一档广受欢迎的电视节目，节目中安排一位符合条件的青年男子或女子从三个应征者中选一个约会对象，但他（她）看不见这三个应征者，只有观众可以看到他们。他（她）得到的唯一信息是一些搞笑的问答。屏幕中出现的是那个最终被选中的人，在接下来的一期节目中，这对青年男女又被邀请回来谈谈对方。1997年，英国许多犹太商人提出创建一个犹太电视频道的建议。当问及节目内容时，他们其中一人开玩笑说这个频道可能上演《盲目约会》的另一个版本，在这个版本里，由应征者的母亲来安排约会。

从现代西方思维来看，以财富、教育或者职业背景的标准来选择配偶似乎是对真正感情的背叛。但当心平气和地比较诸如配偶的人口特征和社会经济特征时，我们发现这些显然以爱情和感情为基础的选择竟显示出非常清晰的社会模式。尽管人们很少意识到自己会因非感情的因素而在爱情上做出让步，但大部分人通常都与宗教、种族、阶级以及教育背景相同的人结婚。社会团体有效地使我们实现社会化，使我们认为某些类型的服饰和发型、言谈和举止、口音和词汇比另一些更有吸引力。这种选择看起来富于个人色彩，但使我们对某个人产生好感（或对另一个人感到厌恶）的东西，与一名卖力的媒人在为我们选择配偶时心中所想的东西几乎是相同的。

我们的许多信仰和观点也同样如此。我们可能认为，对观点的坚持是因为我们客观地审查了证据，并得出了正确理解，但是社会调查反复表明，我们所认为的很多东西可以通过诸如性别、种族、阶级和教育等社会特征被预见。我们也许认为信教完全是个人的事，但是在每个工业社会（以及许多其他社会）里，无论我们如何评估这些特性，显然，女性比男性更真诚、更虔诚。

当然，不是所有人都愿意一直为自身的行为负责。如果不提及受害者的狂热，任何关于社会力量对我们的影响程度的现代讨论都将是不彻底的。在任何社会，人们都会在某些时候不愿为自己的行为负责。宗教人士会归咎于神的不悦或魔鬼的影响。在世俗文化中，社会本身可能为我们不愿承担责任的那些行为而受到指责。正如特里在本书前言里讲述的《守护人》中的那个笑话，他的朋友仍在行窃，只不过目前他有了社会学的学位，知道了行窃的原因。假如涂尔干的观点是正确的，即一个社会的自杀率由“规则”和“整合”这两大伴生的社会属性决定，那么，任何个人对其自杀的责任一定是有限的——马克思关于阶级冲突导致社会进化的模式更证明了这一点。假如我们是因为与生产方式（我们的“阶级”）的关系而成为现在的我们，假如阶级冲突的动力推动我们前行，那么，我们很难对自己的命运负责。米德和库利的互动主义社会学，从其最激进的关于犯罪的标签论来看，同样把我们从自身行为中解脱出来。假如我们成为他人所指责的人，那么错在他们。

诸如此类有关社会学的通俗化解释是那些电视脱口秀节目的命脉，在这些脱口秀节目里，那些伤心的人为他们的不幸遭遇指责所有的人，唯独不指责自己。假如你无法与人维持关系，那是因为你小时候受到了父亲的虐待。即使你不记得曾经受过虐待，“重新发现记忆”这一新理论也让你断言父亲真的虐待过你，虽然你直到中年才在某个虐待治疗专家帮助你反省时知道这一切。瘾君子、酒鬼、贪食者、厌食者以及性爱狂，这些人一个接一个地叙述他们问题的社会根源。这或许并不奇怪。关于个人与其社会角色之间的关系，我将在下文中详述，但我们可以把这两件事分开来看的事实允许我们进行有利于自我的选择，即选择哪个是我们想要声称的真正的“我”，哪个被我们贬为社会影响的产物而不予考虑。

专业社会学在很多方面与非专业社会学不同。第一，它注重公平公正。一般的人通常希望将自己的困境归咎于社会，而将成功归功于自己。社会学家对健康、财富和幸福感的兴趣，不亚于他们对疾病、贫困和抑郁的社会原因的兴趣。第二，它注重证据的引导。第三，它关注一般和典型，而非个体。当然，对于（举个例子）有代表性的非熟练工人的经历，唯一的研究方法是收集数百个体工人的信息，然而，我们所关注的恰恰是他们经历中的那些共同元素，而非那些独特的东西。业余社会学家利用所谓的一般解释来理解他（她）的生活，专业社会学家则研究个体生活，目的是研究其普遍性。

意想不到的结果

社会学手链的一个环节是意料之外的结果这一讽刺的原则。正如苏格兰诗人罗伯特·彭斯曾言简意赅地说过的："人鼠相商妙计，最终弄巧成拙。"我们一开始是有意识地去做一件事。因为没有意识到所有影响我们的社会因素，也因为不能预料我们的行为将如何被他人所接受，我们最终获得完全不同于初衷的结果。我将借助两个例子来阐明这一点，这两个例子关乎思想与人们为倡导这些思想而创建的那些机构之间的关系。

罗伯特·米歇尔斯，韦伯的一名学生，在20世纪最初十年间活跃于德国的左翼政治领域。左翼工会和左翼政党的一种共同演变模式吸引了他。它们一开始都企图以革命的或激进的方式重建世界，后来却变得日趋保守并且与这个世界和平相处。他们以原始民主开始，却变得越来越缺乏民主精神。乍一看，这是一个全然不同的领域，一个保守新教教派的世界。从中，H. 理查德·尼布尔识别出一种类似的模式。在18世纪后期，卫理公会教派运动是一场激进运动。该运动与英国国教决裂，因为它希望回归到一种更纯正的基督教。最初它鼓吹要重建这个世界，但逐渐地，它在社会问题上变得保守起来。起初它强调所有信徒都要有牧师身份，但逐渐地建立了专业牧师制。

同样模式的重现说明它并非偶然，因此可以通过引用某些一般社会过程来加以阐释。结果完全不同于所有相关的人所希望的，这表明我们不能简单地以这些人希望那个结果的说法来解释所发生的一切。

米歇尔斯给出的解释是这样的：任何团体活动都需要有组织。然而，一旦某个团体开始组织，他们就在这个运动内部引起了被组织者与组织者之间、普通成员与官员之间的分裂。后者很快获得知识和专门技能，这些知识和专门技能将他们与普通成员区分开来，并赋予他们凌驾于普通成员之上的权力。这些官员于是开始通过他们在组织里的地位来获取个人满足，并千方百计地巩固自己的地位。他们在这个组织持续的繁荣发展中获取利益。对普通工会会员而言，工会只是一种权益，他们从中能获取小部分股份。但对于带薪官员，工会就是他们的雇主。维护这个组织变得比帮助组织实现目标更为重要。因为激进行动可能引起政府的压制，所以机构官员趋于中庸。

物质利益使他们倾向于缓和曾经的激进态度，与此同时，一种新的"参照群体"将这些官员引入新的视野。他们逐渐认识到，与自己政党的普通成员相比，他们与其他政党的官员有更多相同之处。就像仆人议论主人，工党和保守党的激进分子会相互讲述他们所代表的人民的愚蠢之举，他们会用“秘诀”来换取组织效率。

尼布尔对新教各教派中激进主义的衰落做了类似的描述。第一代成员审慎且自愿接受了这一教派对他们的一系列要求。他们为自己的信仰做出了牺牲。在18世纪和19世纪初期与英格兰和苏格兰的国家教会决裂的那些人，有时会受到政治、社会和经济的制裁。国家可以没收他们的财产，不准他们担任政治职位或军队职务，将他们与子女分离，由他人将其子女抚养成为虔诚的圣公会信徒。就他们为信仰所做的牺牲而言，教派创始人对新的信仰不只是投入了希望，他们的献身经过这般考验也变得更加伟大。然而他们的后代，这一教派创始人的子子孙孙，并非自愿加入教派。他们生来就属于这个教派，无论付出多大努力使他们融入教派的思想体系，他们的献身意识都难免要弱于父辈。

假如教派成员靠勤奋工作来展现上帝的荣耀，不使用昂贵而浪费的奢侈品，获得了一种比父辈们更舒适的地位和生活水准，情形就更是如此。大多数第一代卫理公会教徒的后代都在深入社会生活，由于与社会有那么多龃龉之处，他们因此将失去更多。他们与比自己的父母地位更高的人交往。简陋、粗俗的礼拜堂，缺乏教养的牧师，以及粗俗的民间颂歌和礼拜仪式让他们感到有点窘迫。他们开始迫切要求一些适应性的小变化，使其教会朝着一种更体面、更接近于国教的模式发展。

另外还有一点也准确反映了米歇尔斯关于政党的论述。尽管大多数教派都以原始民主开始，所有信徒一律平等，几乎或完全没有任何正式组织，但逐渐地，一个专业领导核心出现了。特别是在那位具有超凡魅力的创始领袖去世之后，就需要培育能将运动维持下去的牧师和教师，从而协调正在壮大的组织。这个组织有资产要保护，有书籍要出版和发行。随着组织的形成，带薪官员应运而生，这些人在缓和教派与周围社会之间的冲突方面有既得利益。其他宗教组织的教士取代了教派中的非神职人员，成为重要的参照群体。教派教士终于感到，他们配得上专业同行所享有的地位、教育程度、训练以及回报。

尼布尔把分裂出来的教派（sect）看作宗教组织的一种暂时形式，它将逐步变得更加宽容、松散，在社会和经济地位方面更趋于向上流动，最终成为一个正式的教派（denomination）。这一模式很容易找到。这通常历经不止一代人。卫理公会教派在卫斯理去世后五十年间的发展符合这一描述，正如18世纪后期和19世纪在贵格会教徒中发生的变化。早期追随者一丝不苟的献身精神，与众不同的朴素装束（男人戴宽边帽，引人注意地拒绝向国王脱帽致意）和言语模式，已被更为传统的风格所取代。早期贵格会教徒不会去读小说或去看戏，但是“同性恋贵格会”（当时的称呼，成员通常是富商、工厂主和银行家的后代）却变得越来越类似于他们身边那些与之平等交往的英国国教徒。到19世纪中叶，人们发现他们首先跨入新教教派，而后进入英国国教的主流教派。

尼布尔的模式呈现了一个重要事实，但需要某些限定。尼布尔倾向于把注意力集中在教派内部要求变革的压力，却低估了教派外部世界变化所产生的影响。比如，在谈及的那些时期，经济快速发展，生活水平总体上在提高。在一个停滞或衰退的经济里，妥协的诱惑会极少且极弱。其次，职业教士和官僚机构的出现常常被认为好像是缘于教派人员的道德弱点，而事实是，在很大程度上，它是由社会其他成员的期望强加于现代世界任何团体之上的。职业化和官僚制只是现代社会的组织手段，许多教派成员发现他们不得不与国家协商各种形式的认可（比如出于信仰而拒服兵役的权利，或免于财产税的权利），从而变得更富有组织性。

此外，尼布尔夸大了新教各教派彼此相似的程度。正如布赖恩·威尔逊详细论述的，教派之间的教义差异使各教派在不同方面易受尼布尔所描述的那种和解的影响。我们不必深究其差异，只需留意，教派有能力对他们自身以及他们与周围社会的关系进行组织，从而在数代人之中一直保持其派性。向教派妥协转变是一种常见的机构发展历程，但这并不是必然的。

这些例子清楚地阐明了人的反身思考能力的反向结果。假如人们不可能或不愿意改变，他们可以求助于社会学解释，为自己的行为辩解，并安慰自己。然而，人们可以从他们过去的错误，以及对他们行为的社会学描述中吸取教训。尽管米歇尔斯的结论通常被称为“寡头统治的铁律”，尼布尔的命题经常被视为似乎同样找出了社会进化的一条基本规律，但是它们并非自然科学意义上的规律。对无政府主义者来说，不受妥协和名望的影响也许罕见，但还是有可能。激进的政治运动有可能忠诚于最初的精神，即使这种精神导致其毁灭。分裂出来的教派可以抵制住正式教派的名望的吸引。面对着由会员的日益富足所带来的威胁，基督复临安息日会的化解之道是确保大部分富足和随之而来的生活水平的改善都由安息日会来引导，从而将会员更完全地联系在一起。诸如阿米什派和哈特派这样的公有制社会教派，则找到了避免更显而易见的陷阱的方法。他们先是制定了禁止使用现代农业机器的规定，控制生产力。在此情形下仍然变得富有时，他们便利用利润去购买新的土地，并且分割社区。这样做的另一个好处是，社区的规模能让所有成员进行面对面的交流，建立密切的个人关系。这反过来限制了正式领导结构的发展，从而防止了米歇尔斯的“寡头统治”。

重要的是，安眠药的作用总是一样。人们拥有反身意识，能够思考他们所做的一切。这并不意味着他们总是能主宰自己或环境，但的确意味着他们能从自身和别人的错误中吸取教训。他们也可以从社会学中学到东西。希望创办村社的人现在可以阅读坎特并从她的研究中学到东西。在我的宗教社会学这门课上，曾经有个学生令整个课堂感到震惊，因为她宣称选这门课的原因是她打算创建自己的宗教，希望从这门课上获得一些秘诀。

第四章

现代世界

观察者与被观察者

社会学与它的研究对象具有某种独特的关系。尽管我们可以把它视为一种旁观世界的公正的知识学科，但是社会学自身正是它所描述的事物的一种征候。

在描写科学领域的清教徒的著述中，罗伯特·默顿认为，犹太人的宗教以及随后的基督教是使事物合理化的力量。通过信奉一个上帝而不是众神（众神经常反复无常且意见分歧），并设想上帝仅仅创造和终止世界而不在创造和终止之间过多干预，基督教使人有可能对物质世界持一种科学的态度，因为它假设世界是井然有序的。此外，物质世界自身在任何意义上都没有神圣到会阻止对它进行系统的研究。一旦16世纪欧洲的宗教改革拒斥了罗马教会的权威，科学家们就可以不受宗教义务的约束而自由地研究学问。根据默顿的观点，使现代科学成为可能的，与其说是仪器设备方面的技术进步，还不如说是一种看待世界的崭新方式。

可以举出类似的例子来解释为什么社会学会应运而生。14世纪阿拉伯哲学家伊本·赫勒敦或古希腊哲学家柏拉图和亚里士多德在撰写他们的哲学和历史作品时进行了社会学的观察，但直到18世纪末亚当·斯密、大卫·休谟和亚当·弗格森的时代，我们才在被统称为“苏格兰启蒙”的运动中发现现代社会学家会认可的一批学术作品，直到20世纪，社会学这个学科才蓬勃发展。这并非偶然。传统社会拥有一种具有凝聚力且包罗万象的文化，拥有数量很少却强有力的社会机构，拥有一种无孔不入的宗教来将神圣权威赋予那些社会机构。在这样的传统社会里，很难把世界看作一种社会建构。虽然有些人可能知道，情况也可以有所不同，他们甚至还可能已经到过国外社会，但他们自己的那个被视为理所当然的社会，其坚固性可能摧毁这类知识的任何相对化影响。传统的削弱、社会秩序的宗教合法性的衰退以及社会的日益多样化，这些都是社会学的必要前提。

现代性

对现时代独有的特征做更为详细的阐述似乎是一个不错的主意。我所说的“现代化”，是指无生命动力与有生命动力之比例的增长所产生的社会后果。除非冯·达尼肯关于太空人的说法是正确的，否则古埃及金字塔就是由人和牲口仅仅靠用来减轻重量的杠杆和斜面而建成的。我们在现代的建筑工事中会使用由化石燃料驱动的机器，这种机器极大地增加了我们的生产能力。对于现代化之结果的这一描述只不过是一种漫画式的速写，但它能概括在社会学看来与之相关的社会结构的独特性中（与人类学家所研究的传统社会相对）。

制造业被划分得越来越细。任务以及任务执行者变得如此专业化，以至于我们现在谁也离不开谁。典型的中世纪农民所拥有的一切都是他自己制作的，甚至那些富人所有的物件也只是由少数几个手艺人制作的。现在，在日本或德国，即便穷人也会拥有由世界另一边制造的商品，吃着从另一个大陆运来的食物。生产不再是家庭和社区的一种个人活动。交换通过现金（不是物物交换）这种非个人媒介进行，并且通过市场来协调。尽管与他们的农业先辈们相比，生活在工业社会里的人过于缺乏自立，但他们的无助并不增强人际束缚。它只是更加需要正式的协调手段。寻找所需之物时，我们不再通过在乡村公共绿地上进行的非正式谈话，相反，我们使用**黄页**。

随着社会机构变得越来越专业化，生产劳动越来越细的分工同样反映在非经济领域。工业社会比农业社会“区别化”得多。宗教机构权力范围的缩减便是一个很好的佐证。在中世纪，基督教会不仅能提供通向超自然权力的入口，而且掌控民政、教育、救济和社会风纪。现在，民政属于世俗政府部门的管辖范畴，教育由幼儿园、中小学和大学提供，福利由社会工作机构提供，社会控制则由警察、法院和监狱共同完成。

家庭的变化提供了更进一步的专业化的例子。在农业社会，家庭往往既是社会机构，又是一个生产单位，我们通过它们来实现整个社会的生物性再生产和社会再生产。在工业经济社会，大多数经济活动在完全不同的环境中进行：我们离开家去上班。

工业化的兴起给不平等这一现象的性质和社会后果带来了

复杂的变化。理论上讲，人们变得更像了，在很多方面，世界也变得更加公平。与此同时，不同类型的人群之间的社会差距加大了。在农业社会，尽管人们的地位差异较大，但大多数人过着同样的生活，相互住得很近。在中世纪的塔楼和城堡里，上等人与他们的下人经常同室共眠，中间只用帘子隔开。主人也许会有干净的麦秸，但主人和下人都睡在麦秸上。他们同桌吃饭，以盐器分出上等人和下人。因为社会结构公开地等级化，上等人并不因靠近他们的仆人而感觉地位受到威胁，他们能自如地与下人生活在同一个物质和精神的空间里。

工业化摧毁了封建社会秩序这个巨大的金字塔。技术革新与经济扩张带来了职业的流动性。人们不再因为其家族一直从事一项工作而永远固守这份工作。职业的变迁和社会进步使人们很难认为自己永远处于劣势且"地位"保持不变。此外，经济增长带来了更大的**身体**流动性和与陌生人更多的接触。只有当等级制为人所共知且被广泛接受，就像印度的种姓制度，地位的严重不平等才是可以容忍的与和谐的。士兵可以从一个军团调到另一个军团并依然知道自己所处的地位，因为具有统一的（双重意义上的）等级制。在一个复杂而流动的社会里，要弄清我们是比某个新人优越还是要听命于他，这并不容易。一旦人们难以知道谁该先行礼时，他们就不再行礼。基本平等成了准则。

这种动态通过家庭与工作的分离得以强化。我们不可能从工作日的日出到日落是农奴，而夜晚和周末却是自由之身。一个真正的农奴必须是全职的。1800年，在约克郡罗斯代尔，一名铅矿工人上班时也许深受压迫，但在晚上和周日，他却可以更换衣服和形象变成卫理公会的一名非神职牧师。依此身份，他是一位享有很高威望和地位的人。这种变换的可能性标志着一个重要变化。一旦职业脱离整个包罗万象的等级制的限制而变成特定的任务，人们就有可能在不同的等级制中占据不同地位。这使我们有可能区别角色与角色扮演者之间的差异。虽然角色仍可以被分成不同等级，并被赋予完全不同程度的尊敬、权力或地位，但在某种抽象意义上，平等对待所有这些角色背后的人成为可能。反过来说，在一种等级制中，如果只根据一种身份看人，要做到人人平等是不易的，因为对一个农民和他的封建领主一视同仁会有颠覆整个世界的危险。然而，一旦撇开具体的人来评判一种职业地位，就有可能做到，比如，在工厂维持某种必要秩序，而在工作环境之外适用另一种不同的评判体系。铁器制造商可以管辖他的工人，也可以在本地教堂里作为长辈与工头并肩而坐。当然，权力和地位通常可以转让。某个领域里的一种力量能使在另一个领域具有影响力的可能性更大。铁器制造商可以期待统治全体信众，但只有当他的财富再配上明显的虔诚时，他才能够做到。如果不是这样，教友们就可以跑去参加邻近教会的集会，以此回应他试图将自己的意志强加于人的做法。

总之，简朴的传统社会的分裂导致了自主个人的出现，他们被认为至少在抽象意义上非常相似。

在同样的方向上，引起平等主义的结构性原因不仅强化了意识形态的影响，而且也被后者所强化。最初的现代工业社会主要信奉新教，这并非巧合。16世纪的宗教改革运动本身已蕴含了二百多年后法国大革命所提倡的“自由、平等、博爱”的种子。马丁·路德和约翰·加尔文并非现代意义上的自由主义者。他们相信所有人是平等的，但只是就他们的罪性和在上帝面前来说才是平等的。然而，上帝眼里的平等为人类眼里和法律面前的平等奠定了基础。只要社会、政体和经济被视为一个单一统一并且和谐的宇宙，那场宗教改革运动所固有的平等主义思想就会因掌权者坚持维护等级制而受到危害，然而，一旦这个单一宇宙被分裂成不同部门，民主就可能得以实现。

宗教改革运动的一个后果是读写能力的普及，它加速了民主的兴起，并且它恰好也是一种现代经济和一个现代民族国家的必要条件。一种宣称服从教士阶层并遵循其仪式的人才能获得灵魂拯救的宗教，不需要它的教徒驯顺而被动，但它也没有做出什么来鼓励其他性格的养成。一种宣称人人必须学习《圣经》并自我负责服从上帝旨意的宗教，不仅鼓励个人的自主性，而且要为人们提供阅读《圣经》的能力。因此，那些改革者所做的第一件事就是把《圣经》从拉丁文（有教养的人的国际语言）翻译成多种普通人使用的语言。第二件事是教人读书识字。这项努力中所蕴含的革命性潜能得到了充分的理解。到了19世纪初，一位名叫汉娜·莫尔的福音会教徒在门迪普地区创办了一系列学校，这些学校只教学生阅读，不教写作。写作具有解放思想的危险性，阅读则是安全的，特别是阅读由莫尔自己写作的那些在社会问题上保守、在道德上令人振奋的系列短文。但她没有实现初衷。她的学生们获得了新技能，却转而用来满足自身的需要。

平等主义的要旨常常被人误解。我并不是指现代化消除了财富与权力方面的所有差异。我说的是，对卡尔·马克思而言，工业资本主义的阶级结构比它所取代的等级制更简单，更富于流动性，因为它以简单的契约取代了封建约束和相互责任这个复杂体系。马克思的误区在于，他认为随着所有其他的社会划分被他所称的“与生产资料的关系”所取代，阶级将变得更加森严。在马克思的构想里，只存在两个大的阶级：拥有生产资料的资本家和一无所有的无产者。这两个堡垒之间不断增加的冲突将最终导致一场伟大而终极的革命，那时，私有财产将被取消，共产主义将取代资本主义。显然，马克思关于革命的观点是失误的，这个失误源于他对日趋严格的阶级划分的误读。阶级划分远远没有变得更加刻板，相反，它缓和下来了。正如韦伯指出的，马克思所说的阶级的内部存在着重要的划分。从马克思的理论来说，所有无产者都在同一艘（越来越渗漏的）船里，但正如韦伯正确看到的，那些同样不拥有生产资本的人在权力并由此在人生机遇方面仍然可以存在很大差异。那些拥有高超技能的人（如专业工人）可以完全掌控其工作条件，享有相当大的自主权。还有一个重要的管理者群体，尽管他们不拥有资本，却能通过对资本主义企业的日常控制，享有一种与非熟练工人截然不同的地位。此外，股份制公司的出现意味着越来越多的资本不再是个人所有，而是由集体代理机构，比如退休基金所有。

马克思对职业结构内部的**流动**所引起的后果也没有予以重

视。在整个19世纪和20世纪早期,农业劳动者的比例不断下降:农场工人流入了城镇和工厂。在20世纪,从事体力劳动的非熟练工人的比例已稳步下降。1911年,英国超过四分之三的在职人员是体力劳动者。到1964年,这个比例降至半数,随后到1987年这个比例只有三分之一。即便我们可以把阶级结构看成一串稳固的盒子(并且很快便有更多那样的盒子),那些盒子的内容也一直在变化。人们一直在这些盒子里进进出出,在一代人中通常会发生,在两代人中则几乎总会发生。这为我们提供了一个非常有力的理由,来解释为什么人们没有如马克思所期待的那样,认为自己在极大程度上被自身阶级所界定。他们没有根据那些方面看待自己,因为他们在任何一个社会职位上所处的时间都不够长久。

韦伯根据"市场形势"或人们对其劳动生活的支配程度来形成阶级这一概念,这已被证明比马克思的资本-劳动图式更有成效。当今最常用的分类方法对人进行了如下划分。那些公务阶层,或者说**拿薪水阶层**的人代表雇用他们的机构行使被授予的权力或使用专门知识技能。作为回报,他们享有较高的收入、就业的保障、步步擢升、高额养老金的领取权,并且在工作中拥有很大的自主性。**工人阶层**包括熟练工人和非熟练工人,他们提供相对短期的、数量各异的劳动并以特定的交换方式获得报酬。这些职业也趋向于受到更集中的监控。在公务阶层和劳动阶层之间,我们有**常规职员**阶层,这一阶层通过将公共事业关系和纯劳动合同的元素结合起来的雇佣关系来界定。第四个阶层包含**小业主和个体经营者**,他们既享有公务阶层的自主性,也以"计件"或计时的形式获取报酬。最后，我们将**农场主**与**农业工人**区别开来，他们的劳动生活通常与那些小业主和体力劳动者有明显不同：他们拥有土地，全家人都投入生产过程，而且以实物形式（比如酒厂直营）进行款项收付。

上述分类比我们通常所说的阶级更为复杂，但这个系统有很多好处。第一，这些类型基于一种明确且可检验的理论，即关于影响人生机遇的重要因素的理论。第二，它们被反复证明在解释社会的规律性方面是有效的。第三，它们被广泛用于对社会流动性进行跨国比较。

我们说的社会流动性，是指阶级之间流动的范围或便利程度，在此我们通常考虑两个问题：某人在有生之年有多大可能从一个阶层流动到另一阶层？人们有多大可能最终进入不同于他们的父辈所属的阶层？现代阶级分析最令人惊讶的结果之一是，在不同社会里，改变地位的相对可能性基本没有什么区别。我们可能认为，像日本、澳大利亚和美国这类新型或完全重建的社会比英国要开放得多，但可靠研究已表明，这些社会以及其他十个主要的工业社会具有十分相似的流动性政体；也就是说，它们具有同样的流动性。此外，我们中那些足够幸运、已经从阶级结构的变化中获益的人也许很难相信，但事实的确是，在整个20世纪里，阶级流动的相对可能性基本保持一致。

这一发现令我们惊讶，因为我们通常将任何个人事业的“顺利发展”与社会地位的升迁**机会**混淆起来，这样的机会在很大程度上是由体制结构所决定的。我将对此进行解释。不管你出生于哪个阶层，自我提升的可能性不仅取决于体制的流动性，也有赖于你想最终进入的那个盒子的容量。20世纪以来，随着体力劳动者人数的减少和白领以及专业性行业的快速增长，阶级等级制的形状已从金字塔形（小范围公务阶层，大范围工人阶层）变成了菱形。这一变化的结果是，人人都有更好的上升机会，但对底层和顶层的人而言，最终到达高层的**相对**机会基本没有什么变化。正如戈登·马歇尔所指出的：

> 更多的"顶层空间"并不伴有更为平等的到达那里的机会。所发生的一切不过是，更大比例的新的薪水阶层职位落到了那些父母已经占据特权阶层的子女身上。总而言之，技术白领工作的增长一般说来增加了流动性的机会，但对这些机会的跨阶级分配却依然如故。

换言之，工人阶层的子女得益于白领工作的扩展，但中间阶层子女也同样受益。

我们对这个问题的看法很大程度上取决于我们想要什么或期待什么。假如关注社会公正，我们可能发现情形令人沮丧，因为处于上层的那些人保留着优势。然而，如果我们感兴趣的是**绝对的**社会流动性，那么如此众多的工人阶层成员上升到公务阶层仍将令我们印象深刻，虽然并没有相应人数的公务阶层成员进入工人阶层。现在很多人过着更舒适、更富庶的生活，这一事实更多地要归功于经济领域的变化，而不是更多的机会平等，不过这不应使我们看不到变化的规模。

公务阶层的扩展关乎我所描述的现代化的另一个要素：民族国家的兴起。我们已那么习惯于在地图上将世界分成法国、德国、意大利和类似的国家，习惯于国家之间的战争（真实的和比喻的），因此，我们可能容易忽视对人的这种划分方式和组织方式的创新性。在古代，宗教和语言使民族联合起来并与邻族隔开，但是直到18世纪，大多数经济体和政治体都比目前的国家更大或更小：村庄和城镇为一些目的服务，君主制（可能包含了很多国家）和帝国为另一些目的服务。随着民族国家的兴起，需要越来越多的官员来充实政府机构。在20世纪，民族国家成为福利国家，在卫生、社会保障、住房和教育领域创造了大量中间阶级的职业岗位。

现代生活与其说是由社区还不如说是由民族国家组织安排的，这使社会与文化之间的联系自相矛盾。一方面，民族国家需要某种程度的内部同质性，通过一种共享语言和一部民族史（最好是一部英雄史）来促进一种共享的身份感。它要求对祖国的忠诚。但与此同时，现代民族国家必须容忍其境内极为多样的文化。

多样性有各种各样的起源。人们带着他们的文化迁移，这是美国或澳大利亚等新世界国家所经历过的。国家可能扩张领土从而容纳新的民族，如英国的领土扩张使其成为联合王国。单一国家可能源自许多共和国、王国以及公国，就像德国和意大利。然而，现代化本身创造了社会**内部**的文化多样性。在封建世界里，单一教会包含了一个国家的几乎所有人口，并对人民强加一系列一元化的价值观和规范。随着工业化的发展，由境况类似的人组成的社区被分成各具自我利益的不同阶级。这种增强的社会多样性反映在被分为各种竞争组织的宗教文化中。上等阶层（和他们所控制的农业劳动者）继续追随国教；其大主教、主教和牧师的等级制完全符合贵族阶级所持的一个观点，即世界是一个由上帝指定的金字塔。但城市商人、熟练技工以及有更多自主性的农场主却被更民主的宗教形式所吸引，他们支持一系列的宗派分裂。然而，对于一种曾经一元化的文化的瓦解，细节并不重要，重要的是它所产生的后果。

面对不断增加的社会多样性，国家有一个简单的选择。它可以努力强制实现一致性，也可以变得包容。通常，包容是第二选择，只有当强制所需费用变得太高而无法承受时，该选择才被接纳，而且只是在最近才被接纳。在英国，直到19世纪中叶，才废除了对不信奉国教者的公民自由的最终限制。在苏格兰，天主教徒直到1829年才获得选举权（而直到1998年，他们仍不能成为国王或女王）。直至1870年代，牛津大学和剑桥大学一直保留着宗教入学考试。到了1891年，议员的这类考试才被废除。这些是为保护一种国家性宗教文化所做努力的最后遗迹，这种文化自18世纪以来已摇摇欲坠。尽管受到迫害，贵格会教徒仍变得有钱有势，到1830年代，卫理公会教徒和浸礼会教友已有众多成员，无法被排除在公众生活之外。日益增强的多样性，与上述平等主义的兴起一道，使国家对文化差异变得越来越包容。

长期的文化多元性给社会生活的结构及其心理方面带来了根本变化。在社会层面上，我们看到公共领域与私人领域之间的分离日益加深。在家中，在休闲时，在私下，人们变得越来越随心所欲。与此同时，在公共领域，一些程序化的规则使人们更加包容。从我们对“歧视”这个词的使用中，可以看到这种重大变化的大量例证。在19世纪早期，对于某个身居显要公职的人来说，行使权力为家人和朋友谋取利益是件很正常的事。提携与效忠这种互惠关系是社会地位晋升的关键。比如，按照一般的估计，主宰教会任命的大地主们会将富余的教区或大教堂的工作职位，提供给他们的亲属或能回报这一提拔的那些富有的赞助人士之子。高级军官和公务员会任命他们的亲友。我们现在会认为这种体制不公平。裙带关系不再是一个描述语，而是一种罪名。不仅如此（这还提供了对现代世界的另一种重要的洞见），我们还会认为这是一种低效的体制。

现代社会遵循作为制造业工业化之基础的那些原则，并将它们应用于其他领域的人员组织。我们假定，只要专注于正在做的事情并让其他一切考虑都为之让路，任何任务都能出色完成。这样，我们就会期待，士兵得到晋升是因为他们显示了作为军人的能力，而不是因为他们是将军的幼子。我们会期待，牧师被任命是因为他们表现出相应的灵性，而不是因为他们的家族对教区赞助人有什么“影响力”。高校录取以学历资格为依据。专注于正在执行的任务要求我们具有“普遍性”，比如，我们认为政府住房分配最有效、最公平的方法是制定需求的标准（比如子女的人数和目前的居住状况），在有住房空闲时，再把它们分配给那些最“需要”的人。当我们发现地方议员拒绝将那些简易住宅分配给移民时，如1960年代早期发生在伯明翰的事件，我们谴责他们的“歧视”行为，并制定了一系列新规定和新程序，强制在合理的基础上进行住宅分配。

当然，有势力的群体不易屈服于对公民权利的要求，在很多领域中，我们见到漫长的猫捉老鼠的把戏。当美国赋予黑人选举权时，南部很多州试图通过创建表面上看起来公正的选举人必备条件（比如文化测试）来维护白人的最高地位，这些条件适用于每个人，但实际上意在限制黑人的投票。此外，当大量黑人开始投票，选区又被以减低黑人投票有效性的方式进行划分。通过创建大量低密度白人选区和将极大数量的黑人集中在少数选区，一张白人的投票影响力可以抵三四张黑人的投票。联邦政府和法院的回应是创建新律法来防止每个新的回避策略。

公民权利在现代社会的进步步履维艰。尽管在立法方面，我们为机会均等做了一切努力，但许多群体在体制上仍旧处于不利地位。虽然我们在促进**个人**的法律和政治权利以及试图防止歧视方面有良好表现，但在纠正那些源于诸如阶级、性别、种族等社会特征的权力和财富的巨大差异方面，却做得不够。我们实施策略，试图通过向弱势群体提供各种“领先”机会来重新分配财富或创造真正的机会均等，但这些策略通常遭到对立观点的否决，后者认为，这些策略侵犯了某些个人的权利，这些个人不属于能受益于“平权行动”的群体。然而，各个社会仍保留着某些形式的不平等这一现象，不应使我们无视它们已在相当程度上放弃了其他不平等的做法。现代社会把二百年前完全为人们所接受的歧视做法视为不公正且无效，并且竭力废除它们。

总之，一方面，我们使公共领域变得越来越独立于文化规范（如“任人唯亲”）。另一方面，我们使人们拥有越来越大的自由，让他们去做自己的优先选择。宗教信仰偏好和性取向现在基本属于个人事务。这些变化将社会学家的解释与唯心论哲学家的解释分离开来，对于这些变化，社会学家也许会强调，越来越多的个人自由和自主权不是因为哪个个人或群体认为自由是一个好主意而产生的。这不是法国革命者或黑人人权活动家力求还世界以本来面目的标语口号战。这类社会运动仅仅强化业已发生的变化，作为对现代化力量的一种必要调节。经济和政治结构中所发生的变化要求我们改变对人的基本态度。公与私的划分是对越来越多元化的社会与文化的一种必要调节，其背景是假定所有的人在根本意义上都是平等的。

这就从结构的角度阐述了社会的分裂所引起的反应。另外，在我们坚持信仰和价值观的方式上也发生了一个巨大的变化。我们先是在宗教里看到这种变化，然后它就扩展开来。当那些主流宗教文化首先分化时，每个宗派都坚持认为自己而且仅有自己是正确的，但是随着不断增加的多样性，这种信仰已变得难以维持。最简单的做法是建立一种既坚持自身观点之优越性，又阐述他人观点之谬误的学说。在19世纪，英国的传教士们提出了一个概念，认为上帝以适合于不同种族的社会进化的形式现身。对澳大利亚的土著和非洲人，他赐予泛灵论；对更发达的阿拉伯人，他赐予伊斯兰教；对南欧人，他赐予天主教；但对北欧人（尤其是英国人），他通过赐予他们基督教新教而充分现身。我们能理解这种思路所具有的丰富的功能性。它解释了其他人错在哪里，但不指责他们怀有恶意。它明确指出英国新教的首要地位，证明了英国帝国主义的教化使命的正当性。通过“提升”这些所谓落后的种族，我们可以使他们到达接受真正宗教的起点。

这是人们在面临选择时可能用来维护自身观点的做法之一。另一种做法是假设观点与我们相悖的那些人受制于某种邪恶势力。因此，冷战时期的美国原教旨主义者认为，自由基督教徒要么受雇于，要么受控于苏联共产党。当持不同政见者是“外来的”而不是跟我们一样的人时，所有这些策略就会发挥最佳效果，这就是为什么由社会内部分裂而产生的文化多样性比来自外部的分裂更具有威胁性。当与我们意见相左的是我们自己人——我们的左邻右舍、亲朋好友时，我们就更不能轻描淡写地对待他们的意见。在那种情形下，我们更可能调整我们为自己的观点所赋予的地位和适用范围。当然，教条主义依然流行。但是，尤其当我们通过大众传媒这种公开形式表达观点和信仰时，我们通常采用（即便不是有意识地）一种实际上是相对主义的方式。我们假设对你可行也许对我就不行（或正相反），以此来对待我们的意见分歧。价值观变得个人化了。

关于相对主义，笔者将在最后一章中进一步阐述。在此，我要总结的是，平等个人主义的兴起不仅对社会结构（主要是增加了私域的自由和对公域的限制）产生了影响，而且也影响了我们对自身观点和价值观的定位。

失范与社会秩序

将这两者联系起来略带人为痕迹，但我想回头来看看社会秩序的本质和犯罪原因，并且平等主义的话题在下面的叙述中的确是主角。想一想印度。在此，我们看到一个贫富悬殊的国家。但与美国相比，它的犯罪率很低，而且比较而言，几乎没有通常与都市社会弊病相关的罪恶，如酗酒、吸毒以及自杀。

对此的核心解释很简单，罗伯特·默顿在1950年代已给出。他接受了涂尔干关于个人稳定和社会秩序之间的联系的论述，并且补充了一个极端的新观点。我们经常认为社会生活中的重要张力在于个人与社会之间。犯罪与其他形式的社会隐患来源于社会没有能够使其价值观在人们心中留下深刻影响。反社会行为来源于社会化不足。默顿则认为，犯罪和反常行为的倾向实际上是现代社会特有的。

当然，这一概述使问题简化了，但默顿的具体论点是，我们可以把社会理解为两个相对独立的领域：文化和社会结构。文化告诉我们两件事：我们应向往什么和我们应如何表现。结构描述着权力、财富和地位的分配。传统社会的结构是等级制的。少数人有钱有势，多数人卑微而贫穷。文化反映着这种差异。不同群体被教导在生活中期待全然不同的东西，用合乎身份的方式行事。因此，人们期待的和得到的处于平衡状态。穷人预期的是贫穷，他们因而接受受穷的事实。在中世纪的欧洲和信仰印度教的印度，这种根深蒂固的差别体制被一种广泛共享的宗教合理化了，这种宗教对那些恭顺地接受今生命运的人给予承诺，承诺在来生他们将获得巨大回馈。那位温顺的基督徒期待着来生继承这个世界，只要今生不窃取它。这位贫穷却虔诚的印度教徒在他的来生将会得到生在好人家的回报。

正是由于文化与社会结构不再和谐共存，冲突被完全置于现代社会体系的中心。这种文化是民主的：人人都可以享有物质成功。美国梦的承诺是任何人都能成为美国总统或至少成为一家大公司的总裁。正如安德鲁·卡内基所说："在你的梦中成为一个国王。对自己说'我的位置在最上面'。"默顿走得更远，他的说法是，美国（在此，它在程度上也许不同于许多欧洲社会）使个人抱负富于爱国色彩。

然而，志向的平等并没有得到机会匹配的平等。精英统治的辞令鼓励人人想要同样的东西，但阶级结构的现实意味着许多人没有机会合法地实现他们的目标。鉴于社会结构不允许他们对经过社会确认的目标和手段怀有同样的态度，他们一定会对价值体系的某一个（或全部两个）方面失去信任。默顿认为，有五种基本做法来使个人适应目标和手段之间的张力。

就社会是稳定的这一点而言，**顺从**将是最常见且具有广泛扩散性的立场。大多数人忠实于既定目标及其实现细则。**创新者**致力于最终结果但抵制程序规则。对成功的不懈强调和成功手段的不均匀分布，两者合在一起使许多人感到有理由寻找新的（和非法的）方式继续前行。在拒绝了成为通用汽车公司总裁的现成机会之后，那位意大利青年渴望成为意大利黑手党的一名头目。

默顿的个人适应模式类型学

适应类型	文化目标	制度化手段
I. 顺从	+	+
II. 创新	+	−
III. 仪式主义	−	+
IV. 退却主义	−	−
V. 反叛	+/−	+/−

第三种适应方式——**仪式主义**——饶有趣味。英国的社会历史文献提供了许多对于几乎是过分“体面”的中下阶级的研究，这类人在乔治·奥威尔的早期小说中得到了充分的探究。在这一点上，我们可以看到这样一些人，用世俗的话来说，他们属于不真正憧憬成功的人（并且对野心勃勃的人——抱有超出自我身份的思想的人——的确持怀疑态度），然而，这些人同时又害怕退回到劳动阶级。服饰与语言代码成为在体面阶层和粗俗阶层之间划出界线的重要手段。正如默顿指出的：“这个视角属于受惊的雇员，属于私有银行出纳室或公共工程公司决策层中热衷于墨守成规的官僚。”

退却反应最为罕见。这一类型主要包括“精神病患者、孤独症患者、贱民、被社会遗弃者、无业游民、流浪者、乞丐、酗酒者以及瘾君子”的适应性活动。这些人不再相信目标和手段，或者用一个澳大利亚式的比喻来说，他们“长期徒步旅行去了”。最后，默顿补充了第五种反应：**反叛**。它描述了这样一些人对目标和手段所采取的刻意选择的态度，他们试图用一个集优点、努力和奖赏于一体的新世界来取代现行秩序。

与社会学传统中的许多其他经典一样，默顿的失范理论激发了大量研究，这些研究确认这一模式中的某些要素而质疑另一些要素。尤其是，学者们对默顿所做的创新将最为紧密地与劳动阶级相关这一预期持批评态度。阶级体系的不公正会令那些最贫困的人大失所望，以至于他们试图通过抢劫、夜盗、行窃和背袭抢劫等方式使自己富裕起来——这听起来似乎有道理，但为什么那些有机会通过诚实的方式变得富有的人依然想通过不诚实的手段使自己更富有呢？为什么金融家们要忽悠他们的客户呢？为什么有钱的企业家们要窜改他们的税额呢？默顿的确讨论了白领犯罪的问题，但是他在1950年代的观点现在看来颇为幼稚。随着新闻记者对有钱有势的人不再毕恭毕敬，我们对权力精英阶层的活动方式有了很多了解。假如我们对近年来美国总统的职权加以考虑，就将看到理查德·尼克松同意部下采用非法手段削弱对手的竞选并掩盖犯罪行为的丑闻；我们将看到罗纳德·里根批准非法武器销售，为尼加拉瓜非法游击队提供资金；我们还将看到比尔·克林顿的亲信极为可疑的金融交易。为了回避对富人犯罪与穷人犯罪的社会成本进行对比这一危险话题，我将最低程度地指出：目前在我们中间几乎没有人像默顿那么有信心地认为，创新与劳动阶级之间有着特别牢固的联系。

然而，默顿洞察了关于现代社会的重要的一点。任何一个稳定世界的核心都有一个共同信仰：通常来说事情**本该**如此。无须存在一个详细证明社会结构的正当性、受到每个人热情赞同的主流思想体系，但的确需要存在某种大多数人得其所应得的是非感。印度教的因果报应概念完美地到达了那种境界。它建立在反复转世再生的原则上，所以它可以认为，无论现在看来事情多么不公正，坏人命好一定是由于他在前生行善。不仅如此，坏人还将由于今世的行为在来生遭遇更坏命运的惩罚。尽管基督教不那么善于解释为什么好人会遭到不幸，但它在天堂与地狱的概念中提供了某种恢复机制。然而，现代社会主要是世俗的，我们对社会公正的愿望必须在这个现世世界得到满足。

如我所述，平等主义的冲动是现代世界的一个核心特征，它挑战着生活中显而易见的不平等。只要精英统治更多的还是一种愿望而不是现实，那些被鼓励去分一份好处但又感到没有获得公平待遇的人，在拿走他们认为是自己应得之物时就不会怀有歉意。美国记者斯塔兹·特克尔曾经建议将芝加哥城的座右铭定为"我的在哪里？"两种看法可以将默顿的理论从中间阶级创新的问题中解救出来。第一，我们可以指出，经历和反应能够扩散，并被社会定位之外的其他人采纳，这些人最切近地经历了默顿所说的挫折。情况很可能是，劳动阶级最早或最为严厉地体会到世界的不公正本质，但对法律的漠视也可能很普遍。第二，我们可以回到涂尔干关于人类欲望之无限性的观点（见第二章）。一个拥有一切的人仍然可能想要更多，一种强调世俗成功同时又提倡个人权利高于共同体命运的文化，会促使每个人——不管他处在怎样的客观位置上——感觉受到了相对剥夺。

后现代性?

在前文对现代化的论述中,学者们在强调现代化的原因时各有侧重,但是他们普遍认为工业社会从根本上不同于先前的农业社会。在20世纪的多数时间里,对于世界的哪些特征是工业化的结果,哪些是属于工业化在其中成形的**资本主义**经济形式的特征,存在着进一步的争论。人们从阶级结构、性别关系、宗教言论的模式以及犯罪率这些方面,对资本主义民主国家和共产主义阵营国家进行了比较。共产主义在1980年代的低潮结束了那些争论。想要理解我们的历史中哪些部分是"本质"的、哪些是非本质的这一努力,如今已转向对我们的过去和第三世界国家的现在之间的比较。比如,现在当我们看到在新加坡、日本、韩国和中国这些截然不同的背景下,民族国家、代议政治和工业化的发展情形时,我们就有可能更好地理解自己的历史。对于1950年代的某些西方社会学家来说,这类对照物的存在无疑削弱了他们的一种信心,即西方的历史为现代化提供了一种通用模板。

对西方的描述也有一个重大转变,因为许多学者(有趣的是,他们往往是哲学家和社会理论家而不是社会学家)认为,尽管以上关于现代化的论述对19世纪和20世纪初期来说相当准确,但我们现在进入了另一个时代:**后现代**世界。尽管"后现代主义"(在成为一种社会理论之前是一种艺术风格)包含方方面面的内容,但它有一个基本理念,即个人自由已与增强的地理流动性以及更好的交流相结合，以创建一个“顾客”从一家全球咖啡馆里挑选文化元素的世界。以理念和形象的生产和分配为基础的经济取代了以物品的生产和分配为基础的经济。独特的偏爱、品位和选择已发展到相当的程度，以至于再去谈论诸如阶级之类的社会构成问题已经没有什么意义。一个明显例证可见于口音问题。1970年代之前，在诸如英国和美国这样的社会里，某一种口音与社会威望之间有明显联系。大众传媒播音员用上流阶层的口音播音。那时，往往通过口音便可猜到一名政客所属的政党。英国托利党党员讲话的口音像皇室成员；工党政客们讲话则带着劳动阶级的地方口音。现今，这种区分已极为困难。受过良好教育的中间阶级子女会听“匪帮说唱乐”以及其他与城中贫穷黑人相关的音乐风格，不仅效仿服饰式样和姿势派头，还会借用他们的词汇和口音。

在政治上，再也不可能从人们所处的阶级地位来“全部读出”他们的偏爱。相反，我们发现了许多有意识创立的兴趣团体：激进学生运动、环境运动、动物权利运动、同性恋权利团体，以及妇女团体。

民族国家已变得无能。贸易和金融的全球化彻底削弱了国家控制经济的能力。现代数字通信技术根本地削弱了国家控制本国公民的能力。国家正在变得越来越从属于诸如欧盟这样的超国家实体。

甚至连出生、性别以及死亡所具有的确定性也被器官移植和繁殖创新所取消。基因工程已使我们能够从根本上改变身份的生物基础。我们现在已经克隆出了一只羊，很快我们将克隆人。在后现代世界里，没有什么是固体的，一切都是流动的。

以上描述有一定道理，但它被极大地夸大了。对于伦敦、巴黎和纽约的知识分子，提醒他们大部分外省的生活依然如故，这总是有益的。卫星电视也许是一种新颖的交流形式，但我们观看的肥皂剧与狄更斯小说并无两样。廉价的国际旅行现时已成为可能，但穿越伦敦所花的时间，仍不少于福尔摩斯当年为侦破维多利亚时代伦敦的犯罪而横穿全城所需的时间。德国鲁尔和英国克莱德的重工业已不复存在，但工人们仍处于工会的组织之中，职业阶层仍影响着人们的态度、信仰和政治行为。对自主消费者的后现代形象来说，更为重要的是，人们的生活、健康和寿命这些铁的事实依然主要由阶级所决定。在此仅举一例。20世纪初，在伦敦和格拉斯哥，劳动阶级出身的男孩比中间阶级出身的男孩平均身高要矮2.5英寸。到20世纪末，情况依旧。离婚和再婚的流行使得现代家庭结构比19世纪的家庭结构更为复杂，不过家庭仍然是生育和社会化的主要单位，对大多数人来说，家庭依然是获得巨大满足和心理稳定的一个源泉。技术创新和社会创新已对家庭构成了威胁，但它们也为在新时代维持旧习俗提供了资源。廉价的高速旅行让我们远离彼此，但也使我们经常重新组合。正如我们所看到的，当各国限制贸易、规定接受移民的限额，以及为在“国际社区”对这个或那个政治危机的回应中谁将扮演何种角色而争论不休时，宣布民族国家已经消亡，至少可以说还为时过早。

不妨说，就其特征而言，社会学极为关注的现代社会十分依赖于工业制造，因此，向以技术知识和交换为基础的一种经济形式转换将给社会与文化带来如此深远的变化，以至于我们在21世纪初将有理由宣称一个新时代的到来。但是在目前，这种称号看起来尚不成熟，并且它掩盖了一个事实，即许多被归入“后现代”名下的变化只不过是令马克思、韦伯和涂尔干着迷的现代世界特征的延伸。

反讽后果与社会政策

为了避免重复，社会行为之反讽本质的一个非常重要的后果我们至此才予以关注。我们这个世界的很多方面既漫不经心又出人意料——这是一个关键的社会学命题，不仅是因为它有助于理解事情为何不是按计划进行，还因为它有助于看清事物为何是现在的样子。这具有重要的政策含义，因为假如误解了与我们相关的事物的原因，我们为改变它们所做的努力就会迷失方向。

这个观点可以通过思考关于现代性自由的保守批判来加以阐明。那些哀叹“传统”家庭之衰落的人，往往把日托儿童比例、未成年怀孕、高离婚率，乃至都市犯罪和青少年犯罪，归责于那些公开支持方便避孕、性解放、更容易地离婚以及小家庭生活方式的个人或社会运动组织。1960年代，来自“宽容社会”的那些自由派作家的观点被援引，他们的观点也被认为是有效的。换言之，以上问题是由这些坏人所倡导的经过深思熟虑的政策导致的。因此，解决方法就在于，既要限制自由派宣传其理念的机会，也要约束保守派在论述传统价值观的优点时同样畅所欲言的机会。

然而，关于日益增长的离婚率，一种社会学观点是，它们是多项事态发展的**意外后果**，绝非自觉期望目标的慎重结果。上述事态发展，多数受到保守派的支持和欣赏，但发展所带来的结果又引起他们的哀叹。显然，婚姻的稳定主要源于它在分配财产和决定继承方面的作用。当绝大部分资源表现为可继承的私有资本时，决定谁恰好是合法继承人就至关重要。当对身份有一个明确的划分，男性充当着一家之主，并且对性别角色有一个划分时，就有充分理由让个人的成功服从于家庭单位的稳定。但是，工业化削弱了家庭作为生产单位的经济重要性，也削弱了"合法性"（以及对性活动的约束）的重要性。避孕技术的发展切断了性满足与生育之间的联系。个人的日益富足（对那些自身并不富有的人来说则是福利国家的创建）使人们更容易不必为积累资源而组成小家庭；不再喜欢这些家庭时，我们也更容易解除它们。

同样重要的是，平等主义这个概念的外延逐步扩展。在人人都一样这一基本思想被体现为人人享有平等权利这一文化之前，曾展开多次立法之战和政治之战，然而逐步地，权利从地主拓展至富有的男人，再到不十分富有的男人、所有男人，然后到妇女。

家庭的经济功能与政治功能的衰退，使得提出一个关于小家庭合理性的新理由成为可能，这一理由即提供情感满足。1950年代，诸如塔尔科特·帕森斯等美国社会学家认为，家庭的首要作用应该是提供温暖、舒适和相依相伴。家庭应是一个供人养精蓄锐，并且随心所欲地做一些在公共场合被禁止的事的地方。工作中，我们必须保持理智，遵守纪律，不越出自己的角色，按照通用准则对待他人。但在家里，我们可以放松，我行我素。我们是诚实的。或者至少，我们被期望是诚实而坦率的——这使我们对祖先们一边发誓一生忠贞一边干着婚外情的虚伪行止提出了疑问。注重心理满足使制度承受着巨大的压力，因为它唤起了令人难以置信的高度期待。

健康的改善产生了另一个难题。现代工业资本主义最令人瞩目的成就之一是平均寿命的增加。自1800年甚或1900年以来，爱惜对方"直到死神降临"这一誓言所包含的内容已大大改变。20世纪初，英国只有8%的人活过六十岁；到20世纪末，已有20%的人活过六十岁。这样说听起来也许有点冷漠，但离婚可以被看作夭折的现代对应词。

具体的因果联系是复杂的，但我希望上述内容已足以使我们相信，传统小家庭的衰退与那些反对家庭的人的著作没有什么关系。这些思想的传播并不是原因，更有可能的是，它们是业已进行中的那些变化的症状。家庭中所发生的变化不能同经济结构中的变化分离开来，也不能同权利观念的拓展和日益增长的富足分离开来。并且总的说来，这些情形正是哀叹家庭消亡的那些保守者所想要的，他们不希望呈现另一番景象。

其中的政策含义如下。当我们专注于个人对特定行为方针的选择时，我们就可能犯一种错误，即认为那些行为将会产生预期的后果。大量行动误入歧途，世事的结果不是因为哪个人想要它那样，而是因为单一目的的行为具有出人意料的后果——通过忽略这些证据确凿的事实，我们可能犯下错误，夸大我们策划变动的能力。尤其是当我们能发现一个的确想要那种变化的群体时，我们就会欣然（但是错误地）认为变化的发生是因为他们希望变化，而且这种变化也可因我们想要某种不同的东西而被逆转。

这种错误的最充分的例子是共谋论。理解世界的愿望是可理解的，它导致了关于强大的隐蔽动因的简单理论始终有着巨大的市场。因此，第二次世界大战并非数量极多的个人、团体和组织所发出的数量极多的行为的结果；它是由犹太人，或共济会会员，或国际共产主义，或其他的什么统一行动者所引起的。假如想象不出这个具有足够潜能的世俗动因，那么我们总能想到外族人。这种共谋思维实际上是对社会因果关系的一种偏颇的、片面的理解。它正确地假设生活远不止我们所见的，并反映了无能为力者的一种感觉，即世上存在着未受训的眼睛所看不到的一种秩序。但随即，它便回复到那种观点，认为事情的发生是因为有人希望如此。共谋思维未能理解行为的结果，也未能理解行为的超个人原因。

第五章

江湖骗子

前面几章试图勾勒出社会学研究的主题和社会学视野中世界的独特韵味。为了进一步阐明这一视野，本章将简要审视一下社会学阵营里的各类江湖骗子，然后，努力对这一学科做一综述。

改良者与空想家

恶意批评我们的人普遍怀有一个印象，认为社会学时刻准备（或应时刻准备）帮助人们解决问题，业内人士对此印象也并不陌生。这种看法可以理解，却并不正确。它可以理解，原因在于这一学科中的很多早期贡献者是因为希望改变世界而从事研究的。卡尔·马克思首先是一个革命家，他希望看到不公正和压迫的资本主义被一种更人道的经济和政治体制所取代。英国经验性社会研究传统的创始人，如西博姆·朗特里和查尔斯·布思，如实描述了社会的贫困状况，因为他们希望使政府感到震惊而对此做点什么。英国的社会学应特别感谢伦敦经济学院，该学院与韦布夫妇（他们创立了费边社，对早期工党具有影响力）的密切关系赋予其大部分研究工作一种清晰的改革派基调。芝加哥大学社会学系建系元老中的一些人是在新教牧师家庭中成长的，尽管远非马克思主义者，但他们也会欣然接受马克思关于研究世界是为了改造世界的观点。

然而，尽管这一学科很大程度上受惠于改革者，而且很多社会学家是从参与世界的道德活动和政治活动中获得研究兴趣的，社会学还是必须与社会改革区分开来。一门学科只有当它受到自身而不是他人所关注的问题的驱动时，才能运行。甚至连最自信的科学方法的拥护者们，都意识到了阐释与观察之间不断的相互影响。在了解应该观察什么或怎样描述它之前，我们需要一些试验性理论。社会学家需要相互合作以积累大量的知识，因此需要讲一种共同语言。比如，前一章中提到的比较式阶级分析之所以有可能做到，完全是因为不同国家的学者使用着同样的模型。再则，只有双方都同意使用相同的通用语言，辩论（比如关于马克思主义者和韦伯派阶级观的相对优点）才可能理性地进行。为此，只有那些对正在进行的任务具有必要性的观点，才应被允许来指引我们的工作。

这一点说起来容易，做起来难。遗传学的核心思想与苏联共产主义哲学的核心思想之间的差异足以使我们看到，在李森科事件中两者被相提并论是有害而歪曲的干涉。但是，对社会生活的研究和对社会的改革有着共同的概念、方法和理论，使两者难免相互影响。然而，避免相互影响必须成为我们的目标。社会学家之间要想进行富有成效的对话，最好是尽一切努力将为学科所必需的价值（如诚实、清晰和勤奋）与应被置于一旁的非学科问题区别开来。

我们当中从事社会学教学的人通常会发现，学生很难区分社会问题和社会学问题。被要求选择研究课题时，学生们几乎总是着眼于世界的某个阴暗面。他们想为无家可归的人或酗酒或家庭暴力“做一点什么”，这个缺乏力度的动词“做”清楚表明了对解释与纠正的混淆。

澄清差异的一种方式是描述一个社会学研究案例，研究的对象是某个可能被普遍视为不可接受的真实社会的某个特征。大卫·苏德诺对加利福尼亚州某个法院的“辩诉交易”进行了研究。该院大约80%的案例从未被审理，因为被告同意认罪，这为法院节省了很多钱。为了鼓励被告“承认有罪以求轻判”，通常会许以较轻的罪名指控。犯罪嫌疑人可以选择，要么抗辩从而承担受到应有刑罚的危险，要么接受显然较轻的刑罚。

加利福尼亚州的法律认可较轻犯罪的概念。假如某人犯甲罪时也一定犯了乙罪，而乙罪的刑期较短，那么，乙罪就是较轻犯罪。比如，抢劫必然包含小偷小摸，意思是说，一个人如果没有小偷小摸，也就无法实施抢劫了。法院的程序规定，不能指控一个人两项以上有包含关系的罪行。例如，一个人不可以同时被指控犯有“杀人罪”和必定包含于其中的较轻犯罪“企图谋杀”。这些规则还规定，法官不能授意陪审团考虑并非必然包含于所指控罪行的那些犯罪，来作为判被告有罪的替代罪行。

苏德诺解释了主导着指控和较轻犯罪的那些法律原则，因为他想要对正式规则和实际发生的事进行比较。就地方检察官（提起公诉）和公设辩护人（下文简称检方和辩方）而言，他们对指控的关注完全不同于载入法典中的关注内容。他们并不关心被告实际犯有何种罪行以及关于罪行包含的程序规定，而是关注与对方达成协议。为了说服被告认罪，他们需要找到一个较轻的罪行，这个罪行所对应的惩罚应该轻到使协议看起来是一桩好买卖，但同时又不至于让检方觉得被告“逃脱了处罚”。

苏德诺发现的是，罪行通常被降格至其他罪行，后者既不必然包含于也不实际上包含于主要罪行中。例如，“酗酒”通常被降格为“扰乱治安”，即使治安实际上并没有被扰乱。“骚扰未成年人”经常被降格为“在校园附近游荡”，即使罪行并没有发生在校园附近的任何地方。此外，降格往往蔑视最初指控的本质。破门行窃经常被降格为小偷小摸，即使小偷小摸必然包含于抢劫，而抢劫显然在法律上有别于破门行窃。假如人们认真对待法典，这类降格就会是无稽之谈，然而，这种做法却变成了惯例。检方和辩方互相勾结藐视法律，个中原因显而易见：产生恰当的结果比遵循法律条文要重要得多。

但是怎样实现这种实用目标呢？答案是通过漫长的体验，检方和辩方逐步了解了特定阶级犯下罪行的典型方式、那些惯犯的社会特征、犯罪场景的特征、通常牵涉的受害者类型等等。基于对各自所在地区的充分了解，他们建构了“常规犯罪”这一概念。随着辩诉交易的发展，双方都采取了一些行之有效的降格方法。典型的“用致命武器攻击”被降格为简单的攻击，“骚扰”被降格为“在校园周围游荡”等等。尽管这些方法是用于个体被告的，但只要**罪行可被归入某个典型**类型，单个案例的细节就不那么重要了。问题的焦点就在于犯罪的类型和罪犯的典型类型，那些案件记录是以一种把所有相关人员引向正确解释的方式写成的。这样，那位饱受干扰、也许通常只有几分钟时间来了解案情的辩方律师，才可以迅速弄清什么是符合要求的，什么是可行的。

苏德诺的成果可以被理解成一份关于某个“社会问题”的报告。这种体制提供的打折公正可以被看成是对公民自由的一种严重侵犯：人们按惯例要被迫承认那些无人认为是由他们犯下的罪行。然而，这一切都不是苏德诺所关注的。他想要了解的不在于法院例行施舍的公正是好还是坏，而是这种公正是什么，它是怎么来的。他的目的不在于强调需要纠正的事，而在于找出需要解释的事。这样，他便为一种常见现象提供了一个材料翔实的实例，在这类现象中，人们开拓出一种共享的专门的典型化模式，用这种模式以一种能使他们“顺利交差”的方式组织起工作的素材。

类似的主题也贯穿于一名研究生的研究，这名研究生是我1970年代在斯特林大学的同学。她想要搞清精神病护理的实际组织，因此花了好几个月的时间在苏格兰的一家大型精神病医院进行“卧底”研究。她很快发现，那里的病人受到两种截然不同的体系的管理。会诊医生根据形式上的诊断图式将病人分类，给出适合于诊断类型的治疗方案。但对于那些负责病房日常管理的护士，则有一个更简单的体系来反映他们的工作职责。他们把病人归类为“潮湿者”和“漫游者”。前者的主要问题是小便失禁，后者的问题是方向感缺失。护士明白他们的分类体系会激怒医生以及病人的家属和朋友，因此，那些名词只在护士私下谈话中和在诸如茶室、饭厅以及护士之家等“后台区域”使用。

与多尔顿对组织的正规模式和工作场所的非正规组织之间的分裂所做的研究一样，这些实例可以被看成是在识别问题，而且毫无疑问某些兴趣团体会向它们发出抱怨。但对社会学家来说，那不可能是一个核心问题。在制定议程时，社会学家们肯定受到在社会学意义上有趣的事情，而非在社会意义上成问题的那些事情的推动。欧文·戈夫曼关于角色的研究富有影响，该研究的基础是对平凡的日常行为，而不是对那些奇异的或特别令人烦恼的行为的研究。霍华德·贝克关于反常行为的标签理论，其源头在当时和在一位社会改革家看来，似乎在于选取了一个不寻常的主题。既然有严重的犯罪需要探究，为什么要研究吸大麻的爵士音乐家？

专业之外的考虑是一种无益的干扰。假如戈夫曼用的是精神病医生或他们的批评家的视角，来看待为**疯人院**提供大量原料的精神病机构，他也许就看不到社会学意义上的精华了。戈夫曼观察了大量琐碎而先前未被注意的行为（如把彩色蜡笔当成口红），并表明这些行为拥有一种共同而重要的社会功能：它们是病人在某种情境下用来维持自我身份感的手段，这种情境原本是为了治疗的目的被设计来削弱身份感的。戈夫曼在观察中发现了新的含义，因为他是以一名社会学家的身份亲临现场的。他并没有把寄宿学校、疯人院、修道院以及部队训练营视为彼此互不相关，只是分别地关乎教育、治疗、宗教以及军事的场所；相反，戈夫曼看到这些机构拥有他用“总制度”这个概念所表达的共同的社会学特征。戈夫曼是从社会学的角度思考问题的，所以能就自己的资料提出其他有着不同考虑和兴趣的研究者不会提出的问题。

派别偏见

社会科学中特别容易发生背弃原则的现象，因为一个中心前提（那个带垂饰的手链上的一根线）如果被误解，就可能为党派性提供正当理由。当我们认识到现实是一种人类的产物、一种社会建构时，我们就削弱了感知与客观现实之间的可靠联系，并质疑我们自己所做描述和解释的立足点。我们于是更进一步，指出人们如何看待事物很大程度上要归结于他们的共同利益。

这不是有关诚信的断言（尽管十分相关）；它所关乎的是比撒谎更微妙的东西。意识形态不同于假装之处在于，它是意识形态专家们所相信的。当保守的美国基督教徒宣称（让我们错误地假定），青少年怀孕水平居高不下是无神论者禁止公立学校祷告的结果时，他们没有在撒谎。他们因受共同信仰的影响，用一种特定的方式看待世界。当企业家们声称劳动权益的增加将使工作付出高昂代价时，他们也不是在假装。他们在发表自己真诚的想法，这恰好与他们的物质利益相吻合。

对我们来说，天生的诱惑是认为自己的观点准确无误，而他人的观点则是意识形态，但社会学通过识别越来越多社会团体中意识形态的影响使这种情形不易发生。两个例子特别说明了这种情况。在1850年代，很常见的将职业与其他类型的工作区分开来的做法是，指出比如医生和律师经过长期的培训获得专业知识，他们不受外在规章的制约（只有医生自己能评判某个同事是否玩忽职守），他们可以限制他人进入这一职业，并享受高额薪金。各种职业和其他形式的熟练工作（如工艺工程）之间泾渭分明，虽然后者同样试图限制他人从业的权利以提高薪金。职业人士这样做时，合理性来自他们是为某种高尚的社会利益（健康和公正）服务。而当工程师这样做时，这就是未经授权的商业限制，在很多国家是不合法的。

社会学研究很快刺破了职业人士的这种夸大的自我幻象，它表明，尽管职业人士的优势足够真实，但那些合理性理由在很大程度上只不过是为自我利益服务的措辞。通常，漫长的培训期更多的是用来排除阶级、种族和性别方面的异己，而不是用来获得必要技能。职业的自我约束与其说是同社会利益（健康和公正）相关，还不如说是为了躲避业外人士对业内不端的监督。职业人士似乎跟任何其他工人群体一样贪得无厌。

科学的自命不凡也受到社会学研究的打击；社会学研究表明，科学家们极不愿意自己的理论受到批驳，学术派系的社会影响对新思想的接受产生着重要影响，并且正统科学与伪科学的行为之间经常没有任何明显差异。科学根本没有任何方法来保证其结果的权威性，它看起来与其他形式的工作非常相似。在第一章中，我阐释了我为什么认为科学的这种降级被极大地夸大了，但在西方的社会科学领域，这种现象已变得司空见惯。

假如社会学家们削弱了职业性和科学的特殊地位，那么，他们自身的工作又处于何种地位？这难道不意味着社会**科学**这一**职业**本身渗透着意识形态的影响？即便这一学科没有特别的意识形态的利益，多数从业者还是会受到男性白人资产阶级在种族、性别以及阶级方面的一般性利益的影响。

解决这个难题的诱人做法之一是去除关于科学中立的全部伪装。既然传统学术没有提供在竞争性的构想之间进行裁决的方法，我们就得根据学科之外的理由支持一方，选择那个有坚定信仰的学派的构想。于是，对观念之后果（马克思称之为**实践**）的关注取代了诸如准确性这样的目标。例如，重要的不再是对犯罪原因的解释是否前后一致且有充分的证据（因为证据的可信性和地位本身是意识形态的产物），而在于一种理论是否能促进受到支持的任何一个社会团体的利益。比如有一个无礼的犯罪学家，他本人对这个领域几乎没有什么贡献，却堂而皇之地质问埃德温·萨瑟兰对推动民众斗争做过些什么，荒谬地借此质疑美国犯罪学泰斗的研究！

另一种为持有派别偏见的学者所做的辩护在民族研究和妇女研究领域已很普遍。这里的主张并非客观性不可实现；它主张的是，即使有可能实现，客观性也将阻碍社会学的事业。为了解释，我们必须理解。为了理解，我们必须体验。只有黑人能真正理解黑皮肤意味着什么。只有女人才能理解其他女人。

怀疑这一主张的一个合适理由是，它不是被公正地提出来的。我们没有发现哪个社会学家论证说，只有贵族才能有效地研究贵族，或只有法西斯主义者才能研究法西斯主义。这类特殊的辩护只是那些人代表自身提出的。它往往表现为漫不经心地坚持（而不是论证）他们的主张的优越性。显然，拥有某种特征可能有利于理解其他有着相同特征的事物。我在第一章里对社会学的总体辩护中已阐明了这一观点。然而，在诚信的学术研究中，不可能为通吃的王牌留下任何余地。

为了理解，人们必须有归属——这种观念通常因对人们应该归属的团体的界定方式而变得更为可疑。在圈内人和圈外人之间划上界线时，我们不得不将一套明显言过其实的（即使不是完全虚假的）共享经历和利益强加给这个群体。显然，并不是所有女人或族群中全体成员都享有同样的经历或拥有同样的价值观。玛格丽特·撒切尔可能是英国第一位女首相，但她对女权主义者们所界定的妇女利益却明显地无动于衷。1990年代早期，科林·鲍威尔是美国陆海空三军中地位最高的黑人，却在20世纪最保守的总统罗纳德·里根手下服务，而且极少支持少数民族事业。上述学派知识分子的一个反应是把这样的人从荣誉群体中开除出去：撒切尔不是一名真正的女人，而鲍威尔是一个“汤姆大叔”。另一种反应是，假如那个群体的思维没有被意识形态所扭曲，就用这个群体本该想到的来取代这个真实群体的观点。那些性别和种族的狂热支持者主张着他们的当事群体本该想到的一切，然后声称那就是观看这个世界的有利地位。

捍卫价值中立

在此，我想为捍卫客观性这一目标做一辩护。那些持有派别偏见的人认为，客观的社会科学是不可能的，因为社会学家无法超越受自身意识形态制约的世界观。假如这不是一种信仰声明的话，那就必须被看作一个可检验的命题。恕我有一点小小的冒犯，我的第一个反应是指出这些持有派别偏见的人的自相矛盾：意识形态遮住了别人的眼睛，但他们却能超越迷雾。除非这些持有派别偏见的人提出一个可信且可检验的解释，说明为何他们对影响所有其他人的疾病具有免疫力，否则他们的良好智力状况就让我们很有理由怀疑，想象中困扰着所有人的那种疾病是否真的那么普遍、那么严重。

第二个反应是要指出，即使意识形态问题在理论上是真实的，对于大量社会学研究来说也可能并不相关。让我们继续这个关于疾病和健康的比喻：疾病可能不会同样程度地损害所有的人体功能。拿我自己对保皇派准军事组织的研究为例，我是苏格兰人而非爱尔兰人，并且对民族主义没有什么共鸣——这些事实也许对我的研究的某些方面会产生影响，但对其他方面却根本没有影响。回到第一章提及的例子，我看不出意识形态的利害关系会对我在恐怖主义者如何获得领导权这个问题上的看法有什么影响。

反对客观性的那些主张假定，带有不纯的倾向性会扭曲一个人的全部研究。我自身的经验表明，在社会学中，许多有趣而重要的问题完全不带有道德、伦理或者政治方面的感染力，这种感染力会导致观察和解释的差异随着问题研究者的社会利益而发生系统的变化。

但是，即使如此，我们仍发现社会学家们所采取的立场看起来与他们的利益并无频繁的关联。我举一个宗教社会学的例子。一些社会学家认为在现代世界中，宗教明显衰落了；另一些社会学家认为在这明显衰落的背后，是一种持久而相当恒定的笃信。很多宗教社会学家本身就是虔诚的教徒，为了更好地理解自己的信仰，他们受到这门学科的吸引。因此，我们也许会预料，这些评论者的个人价值观会影响他们理解证据的方式。但是，主人公们并没有像我们可能预料的那样拥有相同的立场。在那些被世俗化这一证据所说服的人当中，我们发现了如下一些人：两位自由派无神论者；一位路德会教友，年轻的时候是福音会教徒，现在属于主流教派；一位前卫理公会教徒，现在是一名有职司的圣公会信徒；一个保守的无神论者，悲叹着道德的正统信仰正在流逝；美国一个重要教派的要员；以及一所保守的浸礼会大学的教授。在那些相信现代社会与前工业化社会几乎完全同样虔诚的人中，也显示出同样广泛的宗教立场。尤其是当我观察到这些学者当中有些人已经改变了立场，并且很多人发现对手所提的主张中有相当合理的成分时，我断定这个领域至少没有支持“利害关系无法超越”这个一般性看法。在政治社会学领域也可以找到类似的例子。我们同样看到有学者研究他们身处其中的外部社会的那些方面，同样发现难以协调（比如）选举行为和政治偏好之间的冲突解释。

对持有派别偏见的人的另一个回应是指出如下事实：大量学术研究的质量不完全依赖于学者的个人美德。正如我对自然科学所做的评述（见第一章），企业的社会组织也密切相关。社会学家们在一种富于竞争的环境里工作，允许他们随时进行思想和信息交流。无论我有多么片面，总有人会积极证明我的错处。客观性不取决于我们每个人都完全没有学科之外的价值观；竞争和合作抵消了任何一位学者的偏见所带来的歪曲影响。

最后，我要指出，认识到如下一点是非常明智的：超越个人的信仰和价值观并且仍然努力地克服实现客观性的障碍，这有时是困难的。正如美国人类学家克利福德·格尔茨恰当指出的，我们知道不可能创建一个完全无菌的环境，然而，我们中多数人更愿意在现代手术室里而不是在下水道进行心脏手术。

相对主义

假如对意识形态问题的一个回应是派别偏见，那么另一个回应则是相对主义，这把我带回到了后现代主义这个话题。假如现实是不可知的，假如客观而准确地描述社会是不可能的，那么我们就只能从这个观点跳到那个观点，无休止地制造关于世界是何面目的片面描述。并且，那些描述都没有高下之分。我们在此再次看到一个复杂的互动：社会学家所描述的世界的方方面面和某些社会学家怎样看待其研究之间的复杂互动。在诸如传媒研究和文化研究这样处于社会学边缘的学科中，相对主义已变得尤为普遍，然而，与癌症一样，它已经在这个学科的整个机体中催生了继发病症。与癌症一样，学科要想生存，就需要清除它。

我们可以很容易地理解为什么相对主义在文化研究中广受欢迎。奥斯汀作为作家是否比布莱顿更优秀，康斯太布尔作为画家是否比毕加索更优秀，这在很大程度上是一个品位问题。在大多数社会里，社会等级制产生了品位等级制；某个特定阶级决定什么是好的艺术，什么是坏的艺术。在1950年代的英国，“我不太懂艺术，但知道我喜欢什么”这种说法是那些自命不凡的人对缺乏教育的中下层人的嘲弄，是侮辱后者缺乏专业知识的一种方式。在1990年代，这种说法变成了对高度民主原则的一种表述。维护一种优秀文化的“经典”的努力被视为精英分子的愚蠢举动。说奥斯汀是比布莱顿更优秀的作家被看成是势利行为。在许多西方民主国家（特别是美国），对文化等级制的抨击带有一种特别刻薄的语气，因为它们之所以受到抨击，不光是因为阶级，还因为性别和种族偏见。高雅文化被贬为“过时的白人男性”的作品。对艺术和文学领域的这类批评，我们也许会产生某些共鸣，然而，它们却提出了一个棘手的问题：真正的个人偏好和客观事实之间的界线应该划在哪里？我们当中有些人相信理性思维，相信社会科学的可能性，这些人会进行重要、清楚的划分，理由是我们可以赋予每个人权利去相信他们所希望的、同时又坚称某些信念是错误的。人们有权相信世界被国际犹太金融家的共谋所操纵，或西方政府与外星人有定期联系，对此我完全赞同，但我会坚持认为这些看法没有充分根据。

相对主义者所做的是拓展那些应被视为个人喜好问题的知识的领域，因而也是合理分歧的领域。公民权的民主成了一种知识民主，这个过程表现为一种假设，不是假设人人都享有获取知识的平等权利，而是假设人人所相信的同样可能变成事实。

与相对主义相悖的观点

相对主义的部分魅力在于它真实而无法回避。它动人心魄且清晰明了，但那些回应往往显得既单调，又模糊。幸运的是，这并没有阻止它们成为有说服力的回应。它们不能满足那些想要既简单又吸引人的方案的人，但它们共同构成了对相对主义的全面反击。

在论述阶级不再具有重要意义这一观点时，我已做了一个简要回答：研究一直表明事实并非如此。眼下总是有可能声称，这种或那种模式的规律性仅仅是用来发现此种规律性的策略的产物。毕竟，采用鸡中毒疗法的那位赞德巫医会坚称，他的因果论是有充分依据的。但是，虽然许多背景各异的学者得出了同样的结论，假设他们的发现是某种集体幻觉却变得不那么容易，更容易的是假定它们实际上与某些外部现实建立了联系。对文化背景迥异的学者来说，我们的评述都会有说服力——这一点表明存在着一个真实的世界，这个世界独立于我们有关它的信念，因而我们至少能希求对它有所发现，这种发现不光是对我们的信仰和偏爱的某种表达。

跨越文化和社会界线的理解这一点很重要。如果后现代主义者的一种观点——没有任何一种解读、任何一种描述比任何其他的解读和描述更为有效——是正确的，那么跨文化交流将是不可能的。整体的翻译概念认为，我们能够（至少在理论上）区分比较可靠和不太可靠的翻译。在任何特定情形下，这或许不容易做到，但很多事实（而且这是一个“事实”）——民族国家议订和约，传教士将经文翻译成外语，数百万的人每天跨越阶级、性别、种族、民族以及语言界限成功地交流——应足以使我们确信，相对主义者的悲观情绪是不适当的。

翻译之所以可能，是因为尽管存在人类学意义上的多样性，但在人的经验里有许多东西是相通的。一种文化可能极为偏爱男性后代，而另一种文化可能对男女婴一视同仁，然而，为人父母的欢乐和磨难在全世界都是一样的。各种文化在对牛肉的喜欢方面可能有具体方式的差别。我们过去常常看重肥牛，可现在我们更喜欢瘦肉。但这全然是因为全世界的养牛者讲“同一种语言”，使他们能够比较瘦肉相对于肥牛的优点。几个世纪以来，东非的马萨伊人在最恶劣的环境里养牛，人们可能认为他们跟苏格兰东北部富裕的牛肉农场主没有什么共同之处，然而，由于马萨伊人和班夫郡一座叫梅斯利克的小村庄里一个农民的合作，1990年，非洲首个纯种西门塔尔牛基地因此建立。马萨伊人和这个农民天各一方，但他们都爱牛，并能为共同的行动找到一种共同语言。

对相对主义的这种反驳的困难在于，相对主义者可以拒绝意识到这一点，因为他们不认同论战规则。与那些将每一种批评贬低为意识形态的持有派别偏见的人一样，相对主义者可能坚称，让相对主义的观点接受经验的检验，这一观点本身所基于的知识观已经被相对主义证明是错误的。

对这种全盘拒绝妥协的态度，最佳回应是询问相对主义者是否自始至终都是按照他们公开宣布的哲学立场行事的。显然，他们不是。后现代主义者们撰写作品，发表演讲；他们试图将自己的主张传达给其他人。他们这样做是因为相信，自己是正确的而别人是错误的。假如十足剂量地服用一剂自己的药，他们就将关门大吉。假如没有一种解读优于其他解读，那么为什么要通过排斥所有其他的解读来向全世界标榜某一种呢？假如不可能将真理和谬误区别开来，那为什么后现代主义者与那些持不同观点的人又争论不休呢？

结　论

社会学学者为帮助我们理解世界做出了令人瞩目的贡献，在这样一本小书里，本来就不可能通过全面列举这些贡献来描述社会学。我设法引述了一些重要人物以及他们最重大的贡献：马克思和韦伯论阶级、韦伯论理性、涂尔干论失范、格伦论本能、默顿论犯罪的结构性原因、米德和库利论社会化、米歇尔斯论寡头政治、帕森斯论家庭、贝克论贴标签，以及戈夫曼论角色和整体体制。我还努力充分引用社会学研究的一些具体案例，来管窥社会学家们所做的事。然而，本书的目的不在于向读者提供一个社会学概述，而在于呈现一种社会学的意识。

社会学要想超越有趣（且并非总是那么有趣）的推测，它就必须是**经验性的**。也就是说，它的理论和解释必须基于对真实世界的可靠观察。因此，我在进行引用时倾向于那些将理论与具体的经验性研究结合起来的大学者。社会学要成为经验性的，就必须以自然科学为模式。

然而，在声称社会学必须是一门社会科学时，我们也要牢记由这一学科的奇特研究对象所带来的独特的利弊：我们研究自己。推理和解读的能力使我们不只是出于本能而行动，也不只是能对身边的物理环境做出回应，这种能力使我们能够研究任何事物。反过来，这意味着我们不能寄希望于把社会行为当作与物理世界的规律相类似的一些基本规律的征候。我们必须认识到现实的社会建构本质，研究那些社会结构（社会学本身就是其中的一个特定的经过系统化且经过改进的范例）。对持有派别偏见的人和相对主义者来说，这是一个复杂的难题，对此的回应只能是放弃研究，然后，要么根据意识形态选择自己的立场（持有派别偏见的人的观点），要么完全赞同或完全反对（相对主义者的立场）。

如我已经声称过的，这两种形式的投降都是不必要的悲观主义的回应。毫无疑问，要理解西方的犯罪或宗教衰落的原因并非易事，而要解释政治偏好和教育成就同样也非轻而易举。然而，在日常生活里，只要我们继续相信我们能搞清楚哪些公交车去市中心，哪些教堂愿意倾听忏悔，哪些政党最接近我们的偏好，以及子女什么时候在对我们撒谎，我想没有任何理由认为我们不可能以更大的规模对这类问题进行更系统的研究。在本书的各个章节里，我已将注意力引向了社会学的解释方式与常识的不同：社会学承认现实的社会建构本质；它识别行为的隐蔽动因；它描述行为不曾预料到的后果。但我也要坚持说，常识本身提供了社会科学之可能性的最佳担保。我们中的一些人比另一些人更擅长于社会学，我们都犯错误，但每天，用数百次无关紧要的方式，我们努力观察、描述、理解以及解释我们自己的行为和他人的行为。假如我们能像业余者那样做这件事，我看不出为什么我们不能更努力把它做得更专业一点。

译名对照表

A

accent 口音
actions 行为，行动
Amish 阿米什派
anarchists 无政府主义者
anomie 失范
Aristotle 亚里士多德
Asylums 疯人院

B

Baptists 浸礼会教友
Becker, Howard 霍华德 · 贝克尔
"Becoming a Marijuana User"《成为一个大麻使用者》
beliefs 信仰
Berger, Peter 彼得 · 伯格
biological determinism 生物决定论
Booth, Charles 查尔斯 · 布思
bureaucracy 官僚制
Burns, Robert 罗伯特 · 彭斯

C

Calvin, John 约翰 · 加尔文
Cambridge University 剑桥大学
capitalism 资本主义
Carnegie, Andrew 安德鲁 · 卡内基
Catholic Church 天主教会
Catholics 天主教徒
Christian Church 基督教会
Christianity 基督教
Christians 基督教徒
Church of England 英国国教
civil rights 公民权利
class 阶级，阶层
Clinton, Bill 比尔 · 克林顿
Cohen, Stan 斯坦 · 科恩
commitment 信奉，忠诚
communism 共产主义
community 社区
competition 竞争
conformity 符合，遵从
consensus 意见一致，同意
Conservative Party 保守党
contraception 避孕
Cooley, Charles Horton 查尔斯 · 霍顿 · 库利
counter-culture 反文化
crime 罪行，犯罪
criminal justice system 刑事司法体制
cultural hierarchies 文化等级制
cultural studies 文化研究
culture 文化

D

Dalton, Melville 麦尔维尔 · 多尔顿

E

F

G

H

I

J

K

L

M

N

O

P

Q

V

W

扩展阅读

In compiling the following I have tried to select books that are still in print, are regularly republished, or are likely to be available in most large libraries.

The best of the all-encompassing introductory texts is James Fulcher and John Scott, *Sociology* (Oxford: Oxford University Press, 1999).

The theoretical issues explored in Chapter 2 are dealt with in Peter L. Berger and Thomas Luckmann, *The Social Construction of Reality* (Harmondsworth: Penguin, 1976). It is in parts a difficult read and perhaps only for the truly dedicated. The main ideas appear in a briefer and more accessible form in Peter L. Berger, *Invitation to Sociology* (Harmondsworth: Penguin, 1990). The relationship between the individual and society also forms the main theme of Laurie Taylor and Stan Cohen, *Escape Attempts: The Theory and Practice of Resistance to Everyday Life* (London: Routledge, 1992).

The description of modern societies summarized in Chapter 4 owes a great deal to Ernest Gellner, *Plough, Sword and Book: The Structure of Human History* (London: Paladin, 1986), which, in under 300 pages and in admirably clear prose, explains the shifts from hunter-gatherer to agrarian to industrial societies. A. H. Halsey, *Changes in British Society: From 1900 to the Present Day* (Oxford: Oxford University Press, 1995), looks closely at the present state and recent history of one modern industrial society.

The classics are regularly reprinted, and, while Marx is both difficult and passé, Weber and Durkheim are still eminently readable. So I would recommend H. H. Gerth and C. Wright Mills (eds), *From Max Weber: Essays in Sociology* (London: Routledge, 1991), and Émile Durkheim, *Suicide: A Study in Sociology* (London: Routledge, 1970).

There are so many modern works that deserve to be classics that it is invidious to select just a few, but the following from the 1950s and 1960s combine acute observation and sociological reasoning to exemplify the best traditions of the discipline.

Becker, Howard, *Outsiders* (London: Free Press, 1963).
Dalton, Melville, *Men Who Manage: Fusions of Feeling and Theory in Administration* (London: John Wiley & Sons, 1959).
Goffman, Erving, *The Presentation of Self in Everyday Life* (Harmondsworth: Penguin, 1969).
Gouldner, Alvin, *Wildcat Strike* (London: Routledge & Kegan Paul, 1957).
Lockwood, David, *The Blackcoated Worker* (London: Allen & Unwin, 1958).
Young, Michael, and Willmott, Peter, *Family and Kinship in East London* (Harmondsworth: Penguin, 1961).

Since the 1960s the higher-education sector of all industrial societies has expanded massively, and with it the number of sociologists. The growth and increased specialization of the discipline have made it increasingly difficult for any studies to become known outside their particular field. The following are three books from the 1990s that show sociology at its creative best.

Devine, Fiona, *Social Class in America and Britain* (Edinburgh: Edinburgh University Press, 1997).

Foster, Janet, *Villains: Crime and Community in the Inner City* (London: Routledge, 1990).
Jamieson, Lynn, *Intimate Relations* (Cambridge: Polity, 1997).